CARRÉS CLASSIQUES

Collection COLLÈGE présentée par
Cécile de Cazanove
Agrégée de Lettres modernes

William Shakespeare

Roméo et Juliette

Tragédie
1596
Texte intégral

trad. François Victor Hugo
adaptation de Marie-Françoise Berrendonner

Édition présentée par
Marie-Françoise Berrendonner
Agrégée de Lettres modernes

Nathan

Sommaire

Avant la lecture

- Qui êtes-vous, William Shakespeare ? 6
- L'Angleterre au temps de Shakespeare 8
- Qui sont les personnages ? 10

Lire Roméo et Juliette

Prologue 17
Acte I 18
Pause lecture 1 : Haines et amour 45
Acte II 51
Pause lecture 2 : Un mariage compliqué 77
Acte III 83
Pause lecture 3 : Du duel au duo 111
Acte IV 117
Pause lecture 4 : Un stratégème risqué 133
Acte V 139
Pause lecture 5 : Un dénouement tragique 155

Vers le brevet 160

ISBN : 978 209 189256-6

Après la lecture

Genre : Le drame élisabéthain 164
Thème : Amour et mort 166

Autre lecture

Qui est Boccace ? 170
Nouvelle extraite du *Décaméron* 171

À lire et à voir 178

Dossier central images en couleurs

Avant la lecture

- *Qui êtes-vous, William Shakespeare ?* 6
- *L'Angleterre au temps de Shakespeare* 8
- *Qui sont les personnages ?* 10

Qui êtes-vous, William Shakespeare ?

Pourquoi pourrait-on vous appeler « Monsieur Mystère », alors que vous êtes mondialement connu ?

On a orthographié mon nom de cinq manières différentes et ce sont mes éditeurs qui lui ont donné sa forme officielle. On a même prétendu que je n'avais pas écrit les pièces de théâtre qui font aujourd'hui ma gloire.

Parlez-nous de votre enfance.

J'ai été baptisé le 26 avril 1564 à Stratford-sur-Avon à 160 kilomètres au nord-ouest de Londres. Mon père, John Shakespeare, était négociant en laines et en grains. Il a même été maire de la ville mais il a connu des difficultés financières qui l'ont conduit à perdre ce poste. Ma mère a eu huit enfants, dont cinq ont survécu. Je suis son troisième fils.

« Pas d'université, mais beaucoup de lectures personnelles »

Avez-vous fait de brillantes études ?

J'ai étudié le latin, la mythologie et les auteurs antiques, comme Ovide (j'ai ainsi lu *Les Métamorphoses*, qui m'ont inspiré des poèmes), mais aussi les historiens romains : certaines de mes pièces, *Jules César, Antoine et Cléopâtre* ou *Coriolan* sont tirées de leurs œuvres. Mais j'ai dû abandonner mes études vers 15 ans à cause des problèmes d'argent de mes parents. C'est pourquoi je ne suis pas allé à l'université. J'ai ensuite complété ma formation par des lectures personnelles. À 18 ans, j'ai épousé Anne Hathaway qui avait huit ans de plus que moi. Nous avons eu trois enfants, une fille d'abord, Suzanna, puis des jumeaux, Judith et Hamnet qui est mort à 11 ans.

Comment êtes-vous devenu un homme de théâtre ?

En 1585, je suis parti à Londres où je suis devenu régisseur, acteur et auteur. Mes premières pièces datent de 1588-1590. Pendant l'épidémie de peste de 1592, tous les théâtres ont fermé. J'ai profité de cette inactivité forcée de deux ans pour écrire d'autres pièces qui seront jouées dès la réouverture des théâtres. En 1594, à 30 ans, je suis sur la voie du succès : j'entre dans la compagnie du Chambellan et nous jouons devant la cour pour les fêtes de Noël. Nous devenons la meilleure compagnie du royaume et obtenons le titre de Compagnie du Roi, en 1603. Je suis surtout un auteur et je ne joue que des rôles secondaires dans mes pièces. Mais je suis aussi administrateur du théâtre du Globe et de celui des Blackfriars, où nous nous produisons en hiver.

Êtes-vous resté toute votre vie à Londres ?

Pour faire représenter mes pièces, il me fallait vivre à Londres, capitale du royaume et de la vie culturelle. Toutefois, j'ai acheté une grande maison et des terres à Stratford-sur-Avon où je me suis retiré vers 1610, entouré de mon épouse et de mes deux filles, Suzanna et Judith.

« J'ai écrit plus de pièces que Molière ! »

Quelles sont vos œuvres les plus célèbres ?

J'ai écrit plus de pièces de théâtre que Molière ! Mes comédies les plus célèbres sont *La Mégère apprivoisée* (1592) ou encore *Le Songe d'une nuit d'été* (1595). Parmi mes tragédies, citons *Roméo et Juliette* (1596), *Hamlet* (1600), *Othello* (1604), *Macbeth* (1606), *Le Roi Lear* (1607). J'ai écrit aussi *Henri VI* (1598) qui comporte 300 personnages et dont la représentation en trois parties dure 15 heures ! ■

William Shakespeare meurt le 23 avril 1616 à Stratford-sur-Avon à l'âge de 52 ans.

L'Angleterre au temps de Shakespeare

◆ Une période troublée

Shakespeare a connu les règnes de deux souverains, **Elisabeth Ire** et **Jacques Ier**. Elisabeth Ire régna de 1558 à 1603. En 1562, elle fit de l'Église anglicane une Église d'État et en devint le chef. Excommuniée par le Pape en 1570, elle persécuta les catholiques et fit exécuter en 1587 Marie Stuart, reine d'Écosse qui regroupait autour d'elle l'opposition catholique. La victoire anglaise sur l'Invincible Armada espagnole changea le cours de l'Histoire, car elle donna à l'Angleterre **la maîtrise des mers** et renforça **le protestantisme** dans le pays. Jacques Ier succéda à Elisabeth Ire en 1603. Fils de Marie Stuart mais protestant, il eut un règne troublé par des complots dirigés contre lui, par des conflits avec le Parlement, par les guerres avec l'Espagne catholique. Il favorisa le début de la colonisation anglaise en Amérique du Nord et l'installation de colons anglais protestants en Ulster.

> « *Deux souverains, Elisabeth Ire et Jacques Ier* »

◆ Londres, une ville fascinante

Quand Shakespeare arrive à Londres vers 1585, la ville est devenue le **siège du pouvoir royal** et du gouvernement

1564 : Naissance de Shakespeare

vers 1585 : Installation à Londres

1558-1603 Règne d'Elisabeth Ire

1562 L'Église anglicane devient Église d'État.

1570 Elisabeth Ire est excommuniée

1587 Exécution de Marie Stuart, reine d'Écosse catholique

installés au palais de Westminster qui, avec ses 1500 pièces, était le plus vaste et le plus animé d'Europe. Un mur d'enceinte entourait la cité dont les portes étaient fermées à la nuit tombée. Un seul pont enjambait la Tamise, formant à lui seul une petite ville avec sa centaine de boutiques et ses bâtiments à plusieurs étages adossés à ses dix-neuf arches. Londres était aussi une **capitale économique** avec son port très actif et une **métropole culturelle** puisque de très nombreuses imprimeries publièrent plus de 7 000 titres pendant le règne d'Elisabeth Ire.

◆ Londres, une ville dangereuse

La ville était régulièrement menacée par les maladies et les **épidémies de peste**. Celle de 1603 fut particulièrement meurtrière. On interdit tous les rassemblements publics, sauf les manifestations religieuses. Londres comptait 200 000 habitants en 1600 et devint la **troisième ville d'Europe** après Paris et Naples. La population était jeune car l'espérance de vie ne dépassait pas 35 ans dans les quartiers riches et 25 dans les banlieues pauvres.

« Londres, une métropole culturelle »

La **criminalité** et la **violence** régnaient partout. C'est dans cette ville « pleine de bruit et de fureur » que vécut Shakespeare et qu'il créa ses pièces les plus connues. ■

1592	1595	1596	1600	1604	1606	1607	1616
La Mégère apprivoisée	*Le Songe d'une nuit d'été*	*Roméo et Juliette*	*Hamlet*	*Othello*	*Macbeth*	*Le Roi Lear*	Mort de Shakespeare

1588 : Victoire de l'Angleterre sur l'Invincible Armada espagnole

1603 : Règne Jacques Ier — Épidémie de peste

Qui sont les personnages ?

Le clan Montaigu

Montaigu

Le père de Roméo ne connaît pas les secrets du cœur de son fils.

➨ *Réussira-t-il à le protéger de la haine et des querelles qui embrasent Vérone ?*

Lady Montaigu

La mère de Roméo craint pour la vie de son enfant.

➨ *Survivra-t-elle aux événements tragiques qui endeuillent la ville ?*

Roméo Montaigu

Fils unique, il est d'abord amoureux de Rosaline mais l'oublie bien vite, dès qu'il rencontre Juliette, au bal des Capulet.

➨ *Jusqu'où ira-t-il pour vivre son amour ?*

Benvolio

Cousin de Roméo, il le soutient envers et contre tous et s'efforce de faire éclater la vérité, même quand règne la violence.

➨ *Pourra-t-il éviter que ses amis Roméo et Mercutio ne sombrent dans la violence ?*

Mercutio

C'est le meilleur ami de Roméo, mais c'est aussi une véritable tête brûlée ; il aime se battre et faire des plaisanteries.

➨ *Son amitié pour Roméo le mènera-t-il à la mort ?*

Frère Laurent

Ce moine est le confident de Roméo et de Juliette. Il leur donne des conseils et tente de les aider en proposant à Juliette un stratagème risqué.

➨ *Le destin est-il son allié ou se retournera-t-il contre lui ?*

Le clan Capulet

Capulet

Chef d'une des plus nobles familles de Vérone, il est l'ennemi des Montaigu. L'origine de cette haine se perd dans la nuit des temps.

➨ *Quelle sera sa réaction quand Juliette refusera d'épouser celui qu'il a choisi pour elle ?*

Lady Capulet

Épouse soumise et mère autoritaire, elle n'est pas très affectueuse envers Juliette.

➨ *La défendra-t-elle contre son mari ?*

Juliette Capulet

Âgée de 14 ans, belle comme le jour, elle aime Roméo dès le premier regard. Mais Pâris est prêt à l'épouser avec l'accord de toute la famille Capulet.

➨ *Comment imposer le choix de Roméo ?*

Le Prince

Escalus est Prince de Vérone. Il tente d'interdire les conflits meurtriers entre les familles ennemies et rend la justice.

➨ *Parviendra-t-il à empêcher de nouveaux troubles ?*

Pâris

Amoureux de Juliette, il espère l'épouser avec l'appui des parents de sa bien-aimée.

➨ *Sera-t-il pris dans la querelle qui oppose les Capulet et les Montaigu ?*

Tybalt

Cousin de Juliette, il s'acharne à défendre l'honneur de sa famille et ne rêve que de vengeance contre les Montaigu.

➨ *Apprendra-t-il à pardonner ?*

La nourrice

Elle a élevé Juliette depuis sa naissance et partage tous ses secrets.

➨ *Sera-t-elle son alliée jusqu'à la fin ?*

Scène d'un théâtre élisabéthain, gravure, XVIe siècle.

Lire

William Shakespeare

Roméo et Juliette

Tragédie

1596

Texte intégral

trad. François Victor Hugo
adaptation de Marie-Françoise Berrendonner

Les personnages

Le Chœur
Escalus, Prince de Vérone.
Mercutio, parent du Prince, ami de Roméo.
Pâris, parent du Prince.
Le page de Pâris.
Montaigu, chef d'une famille de Vérone en lutte contre les Capulet.
Lady Montaigu, son épouse.
Roméo, leur fils.
Benvolio, neveu de Montaigu, ami de Roméo et de Mercutio.
Abraham, serviteur de Montaigu.
Balthazar, serviteur de Roméo.
Capulet, chef d'une famille de Vérone en lutte contre les Montaigu.
Lady Capulet, son épouse.
Juliette, leur fille.
Tybalt, neveu de Lady Capulet.
Le cousin Capulet, un parent.
La nourrice de Juliette.
Samson, **Grégoire**, **Antoine**, **Laterrine** : Serviteurs de la maison des Capulet.
Frère Laurent, **Frère Jean** : de l'ordre des Franciscains
Un apothicaire, de Mantoue.
Trois musiciens, (Simon Boyaudechat, Hugues Rebec, Jacques Larchet).
Membres de la garde, Citoyens de Vérone, Masques, Porteurs de torches, Pages, Serviteurs.

La scène est à Vérone et à Mantoue.

Le Chœur

Deux familles, égales en noblesse,
Dans la belle Vérone, où nous plaçons notre scène,
Sont entraînées par d'anciennes haines à de nouvelles querelles
Où le sang des citoyens tache les mains des citoyens.
De ces deux familles ennemies
A pris naissance, sous une mauvaise étoile, un couple
[d'amoureux
Dont la ruine désastreuse et lamentable
Doit ensevelir dans leur tombe la haine de leurs parents.
Les terribles aventures de leur fatal amour
Et les effets de la rage tenace de ces familles,
Que peut seule apaiser la mort de leurs enfants,
Vont en deux heures être exposés sur notre scène.
Si vous daignez nous écouter patiemment,
Nos efforts s'efforceront de corriger nos défauts.

Le Chœur

Dans la tragédie grecque, le chœur est composé d'un groupe d'acteurs qui présente l'action au début de la tragédie et qui la commente entre les actes. Personnage collectif, le chœur tire les leçons des événements et juge la conduite des personnages. Il éveille ainsi l'esprit critique du public et représente le bon sens populaire.

Pont de Vérone, photographie.

Scène 1

Vérone. Une place publique.
Entrent Samson et Grégoire, armés d'épées et de boucliers.

SAMSON. – Grégoire, sur ma parole, nous ne supporterons pas leurs brocards.

GRÉGOIRE. – Non, nous ne sommes pas gens à porter le brocart[1].

SAMSON. – Je veux dire que, s'ils nous mettent en colère, nous allongeons le couteau.

GRÉGOIRE. – Oui, mais prends garde qu'on ne t'allonge le cou tôt ou tard.

SAMSON. – Je frappe vite quand on m'échauffe.

GRÉGOIRE. – Mais tu es lent à t'échauffer.

SAMSON. – Un chien de la maison de Montaigu m'excite.

GRÉGOIRE. – Qui s'excite s'agite ; qui est vaillant tient bon ; par conséquent, si tu t'excites, tu t'enfuis.

SAMSON. – Quand un chien de cette maison-là m'excite, je tiens bon car je ne céderai le haut du pavé[2] à aucun des Montaigu, hommes ou femmes.

GRÉGOIRE. – Cela prouve que tu n'es qu'un faible ; les faibles s'appuient toujours au mur.

SAMSON. – C'est vrai ; et voilà pourquoi les femmes qui sont des vases très fragiles, sont toujours adossées au mur ; aussi, quand j'aurai affaire aux Montaigu, je repousserai les hommes du mur et j'y placerai leurs femmes.

GRÉGOIRE. – La querelle ne regarde que nos maîtres et nous, leurs hommes.

SAMSON. – N'importe ! Je veux agir en tyran. Quand je me serai battu avec les hommes, je serai cruel avec les femmes. Je leur ferai du mal !

1. Jeu de mots sur l'homonymie entre *brocard* signifiant « moquerie » et *brocart*, « riche étoffe de soie brodée d'or et d'argent ».
2. Le haut du pavé était la partie la plus propre de la rue. Il était réservé aux personnages importants qui ne voulaient pas se salir.

Grégoire. – Tu leur feras sauter la tête ?

Samson. – Ou je les violerai. Comprends la chose comme tu voudras.

Grégoire. – C'est elles qui comprendront la chose, quand elles la sentiront.

Samson. – Je la leur ferai sentir tant que je pourrai tenir bon, et l'on sait que je suis un joli morceau de viande.

Grégoire. – Heureusement que tu n'es pas un poisson ; tu serais un merlan pas frais. Tire ton épée ; en voici deux de la maison de Montaigu.

Ils dégainent.

Entrent Abraham et Balthazar.

Samson. – Je dégaine mon épée ; cherche-leur querelle ; je serai derrière toi.

Grégoire. – Oui, tu te tiendras derrière pour mieux t'enfuir.

Samson. – Ne crains rien de moi.

Grégoire. – De toi ? Non, morbleu.

Samson. – Mettons la loi de notre côté et laissons-les commencer.

Grégoire. – Je vais les regarder de travers en passant près d'eux, et ils le prendront comme ils le voudront.

Samson. – Plutôt comme ils l'oseront. Je vais les défier en les regardant, et ce sera un affront pour eux, s'ils le supportent.

Abraham, *à Samson.* – Est-ce pour nous que vous sifflotez, Monsieur ?

Samson. – Je sifflote, Monsieur.

Abraham. – Est-ce pour nous que vous sifflotez, Monsieur ?

Samson, *bas à Grégoire.* – La loi est-elle de notre côté, si je dis oui ?

Grégoire, *bas à Samson.* – Non.

Samson, *haut à Abraham.* – Non, Monsieur, ce n'est pas pour vous que je sifflote, Monsieur ; mais je sifflote, Monsieur.

Grégoire, *à Abraham.* – Cherchez-vous la bagarre, Monsieur ?

Abraham. – La bagarre, Monsieur ? Non, Monsieur !

Samson. – Si vous en cherchez une, Monsieur, je suis votre homme. Je sers un maître aussi bon que le vôtre.

Abraham. – Mais pas meilleur.

Samson. – Soit, Monsieur.

Entre, au fond du théâtre, Benvolio ; puis, à distance, derrière lui, Tybalt.

Grégoire, *à Samson.* – Dis « meilleur » ! Voici un parent de notre maître.

Samson, *à Abraham.* – Si fait, Monsieur, meilleur !

Abraham. – Vous mentez.

Samson. – Dégainez, si vous êtes des hommes. *(Tous se mettent en garde.)* Grégoire, souviens-toi de ta botte imparable[1].

Benvolio, *s'avançant la rapière[2] au poing.* – Séparez-vous, imbéciles ! Rengainez vos épées ; vous ne savez pas ce que vous faites.

Il rabat les armes des valets.

Tybalt, *s'élançant, l'épée nue, derrière Benvolio.* – Quoi ! L'épée à la main, parmi ces marauds[3] sans cœur ! Tourne-toi, Benvolio, et fais face à ta mort.

Benvolio, *à Tybalt.* – Je ne veux ici que maintenir la paix ; rengaine ton épée, ou emploie-la, comme moi, à séparer ces hommes.

Tybalt. – Quoi, l'épée à la main, tu parles de paix ! Ce mot, je le hais, comme je hais l'enfer, tous les Montaigu et toi. En garde, lâche !

1. Coup décisif porté à l'épée.
2. Épée longue et effilée.
3. Vauriens.

Tous se battent. D'autres partisans des deux familles arrivent et se joignent à la mêlée, suivis par des citoyens armés de bâtons.

PREMIER CITOYEN. – Au travail, bâtons, piques, pertuisanes[4] ! Frappez ! Écrasez-les ! À bas les Montaigu ! À bas les Capulet !

Entrent Capulet, en robe de chambre, et lady Capulet.

CAPULET. – Quel est ce bruit ? Holà ! Qu'on me donne ma longue épée.

LADY CAPULET. – Non ! une béquille, une béquille ! Pourquoi demander une épée ?

CAPULET. – Mon épée, dis-je ! Le vieux Montaigu arrive et brandit sa rapière en me narguant.

Entrent Montaigu, l'épée à la main, et lady Montaigu.

MONTAIGU. – À toi, misérable Capulet ! Ne me retenez pas ! Laissez-moi faire.

LADY MONTAIGU, *le retenant*. – Vous ne ferez pas un seul pas pour combattre votre ennemi.

Entre le Prince Escalus, avec sa suite.

LE PRINCE. – Sujets rebelles, ennemis de la paix ! Profanateurs qui salissez cet acier[5] avec le sang de vos concitoyens ! Est-ce qu'on ne m'entend pas ? Holà ! vous tous, hommes ou brutes, qui éteignez la flamme de votre rage malfaisante dans les flots de sang échappés de vos veines, sous peine de torture, obéissez ! Que vos mains sanglantes jettent à terre ces épées trempées dans le crime, et écoutez la sentence de votre prince irrité !

Tous les combattants s'arrêtent.

Trois querelles privées, nées d'une parole en l'air, ont déjà troublé le repos de nos rues, par votre faute, vieux Capulet, et par la vôtre, Montaigu ; trois fois les anciens de Vérone, quittant le vêtement grave qui convient à leur âge, ont dû saisir de

4. Sorte de hallebarde.
5. Le métal désigne l'épée.

leurs vieilles mains leurs vieilles pertuisanes, gangrenées[1] par la rouille, pour séparer vos haines gangrenées. Si jamais vous troublez encore nos rues, vous paierez de vos vies ces atteintes à la paix de nos rues. Pour cette fois, retirez-vous tous. Vous, Capulet, venez avec moi ; et vous, Montaigu, pour connaître notre décision sur cette affaire, vous vous rendrez cette après-midi au vieux château de Villafranca, notre Cour de Justice. Encore une fois, sous peine de mort, quittez tous ces lieux !

Tous sortent, excepté Montaigu, lady Montaigu et Benvolio.

Montaigu. – Qui donc a réveillé cette ancienne querelle ? Parlez, neveu, étais-tu là quand elle a commencé ?

Benvolio. – Les serviteurs de votre adversaire et les vôtres se battaient ici avec violence quand je suis arrivé et j'ai dégainé pour les séparer ; à l'instant même est survenu le fougueux Tybalt, l'épée haute, hurlant ses défis à mon oreille, en même temps qu'il agitait sa lame autour de sa tête et fendait l'air qui sifflait pour me provoquer. Tandis que nous échangions les coups et les estocades[2], sont arrivés des deux côtés de nouveaux partisans qui ont combattu jusqu'à ce que le Prince vienne les séparer.

Lady Montaigu. – Oh ! Où est donc Roméo ? L'as-tu vu aujourd'hui ? Je suis bien soulagée qu'il n'ait pas été dans cette bagarre.

Benvolio. – Madame, une heure avant que le divin soleil ait percé la fenêtre d'or de l'Orient, mon esprit agité m'a poussé à sortir ; tout en marchant dans le bois de sycomores[3] qui s'étend à l'ouest de la ville, j'ai vu votre fils qui s'y promenait déjà ; je me suis dirigé vers lui, mais, en me voyant, il s'est caché dans les profondeurs de la forêt. Moi qui, comme lui, aime la solitude quand je suis triste, j'ai suivi mon humeur sans chercher à connaître la sienne, et j'ai évité volontiers celui qui me fuyait si volontiers.

1. Rongées par la rouille qui agit comme la gangrène.
2. Coups portés avec l'estoc, c'est-à-dire la pointe de l'épée.
3. Sorte de figuier.

Montaigu. – Bien des matinées, on l'a vu là augmenter de ses larmes la fraîche rosée du matin et à force de soupirs ajouter des nuages aux nuages. Mais, dès que le vivifiant soleil commence, dans le plus lointain Orient, à tirer les rideaux sombres du lit de l'Aurore, vite, mon fils accablé fuit la lumière ; il rentre, s'enferme dans sa chambre, ferme ses fenêtres, tire le verrou sur le beau jour et se plonge dans une nuit artificielle. Ah ! cette humeur sombre lui sera fatale, si de bons conseils n'en font disparaître la cause.

Benvolio. – Cette cause, la connaissez-vous, mon noble oncle ?

Montaigu. – Je ne la connais pas et je n'ai pu l'apprendre de lui.

Benvolio. – Avez-vous suffisamment insisté ?

Montaigu. – J'ai insisté moi-même, ainsi que beaucoup de mes amis ; mais il est l'unique confident de ses passions, confident peu sage peut-être, mais aussi secret, aussi impénétrable, aussi fermé à la recherche et à l'examen que le bouton de fleur rongé par un ver envieux avant d'épanouir à l'air ses pétales embaumés et offrir sa beauté au soleil. Si seulement nous savions d'où lui viennent ces douleurs, nous nous dépêcherions de les connaître pour les guérir.

Roméo paraît à distance.

Benvolio. – Tenez, le voici qui vient. Éloignez-vous, je vous prie ; ou je connaîtrai ses peines, ou il refusera de me les confier.

Montaigu. – Puisse-tu, en restant, être assez heureux pour entendre sa confession complète ! Allons, Madame, partons.

Sortent Montaigu et lady Montaigu.

Benvolio. – Bonne matinée, cousin !

Roméo. – Le jour est-il si jeune encore ?

Benvolio. – Neuf heures viennent de sonner.

Roméo. – Oh ! que les heures tristes semblent longues ! N'est-ce pas mon père qui vient de partir ?

Benvolio. – Lui-même. Quelle est donc la tristesse qui allonge les heures de Roméo ?

Roméo. – La tristesse de ne pas avoir ce qui les rendrait plus courtes.

Benvolio. – Amoureux ?

Roméo. – Fou…

Benvolio. – D'amour ?

Roméo. – De la froideur de celle que j'aime.

Benvolio. – Hélas ! faut-il que l'amour si doux en apparence, soit si tyrannique et si cruel !

Roméo. – Hélas ! Faut-il que l'amour malgré le bandeau qui l'aveugle, trouve toujours, bien qu'aveugle, un chemin vers son but ! Ô mon Dieu ! Quel était ce tapage ? Mais non, ne dis rien, car je sais tout. Ici, il y a beaucoup de haine, mais plus encore d'amour. Amour, ô tumultueux amour ! Ô amoureuse haine ! Ô tout créé de rien ! Ô lourde légèreté ! Vanité sérieuse ! Informe chaos de ravissantes visions ! Plume de plomb, lumineuse fumée, feu glacé, santé maladive, sommeil toujours éveillé ! Voilà l'amour que je ressens sans y sentir d'amour. Tu ris, n'est-ce pas ?

Benvolio. – Non, cousin : je pleurerais plutôt.

Roméo. – Bonne âme ! Et de quoi ?

Benvolio. – De voir ta bonne âme si accablée.

Roméo. – Oui, tel est l'effet de la sympathie. La douleur ne pesait qu'à mon cœur, et tu la fais grandir sous la pression de la tienne : cette affection que tu me montres ajoute une peine de plus à mes peines extrêmes. L'amour est une fumée de soupirs ; dégagé, c'est une flamme qui étincelle aux yeux des amants ; comprimé, c'est une mer grossie de leurs larmes. Qu'est-il encore ? La folie la plus raisonnable, une suffocante amertume, une vivifiante douceur ! Au revoir, mon cousin. *(Il va pour sortir.)*

Benvolio. – Doucement, je vais t'accompagner : tu me vexes en me quittant ainsi.

Roméo. – Bah ! je me suis perdu moi-même ; je ne suis plus ici ; ce n'est pas Roméo que tu vois, il est ailleurs.

Benvolio. – Dis-moi sérieusement qui tu aimes.

Roméo. – Sérieusement ? Roméo ne peut le dire qu'avec des sanglots.

Benvolio. – Avec des sanglots ? Non ! Dis-le-moi sérieusement.

Roméo. – Demande donc à un malade de faire sérieusement son testament ! Ah ! Ta demande blesse quelqu'un qui est déjà si mal. Sérieusement, cousin, j'aime une femme.

Benvolio. – En le devinant, j'avais touché juste.

Roméo. – Excellent tireur ! J'ajoute qu'elle est d'une éclatante beauté.

Benvolio. – Plus la cible est éclatante, beau cousin, plus elle est facile à atteindre.

Roméo. – Ce trait-là frappe à côté car elle est hors d'atteinte des flèches de Cupidon : elle est comme Diane ; d'une chasteté à toute épreuve, elle vit à l'abri de l'arc enfantin de l'Amour ; elle ne se laisse pas assiéger par des mots d'amour, elle se dérobe au choc des regards passionnés et ferme son cœur à l'or qui séduirait une sainte. Oh ! Elle est riche en beauté, mais pauvre aussi parce que sa beauté mourra avec elle !

Benvolio. – Elle a donc juré de ne jamais aimer ?

Roméo. – Elle l'a juré, et ce serment entraîne une perte immense. En épuisant une telle beauté par sa pudeur, elle se

Diane et Cupidon

L'Amour est représenté depuis l'Antiquité sous les traits d'un enfant ailé et joufflu, Cupidon, dont le nom signifie en latin « désir ». Les flèches de son arc symbolisent les atteintes de la passion. Déesse de la chasse, Diane est surtout déesse de la chasteté et de la lumière lunaire.

prive de toute postérité. Elle est trop belle, trop sage, trop sagement belle, car elle mérite le ciel en faisant mon désespoir. Elle a juré de n'aimer jamais, et ce serment me tue en me laissant vivre, puisque c'est un vivant qui te parle.

Benvolio. – Suis mon conseil : arrête de penser à elle.

Roméo. – Oh ! Apprends-moi comment faire.

Benvolio. – En rendant la liberté à tes yeux ; regarde d'autres beautés.

Roméo. – Ce serait le moyen d'apprécier plus encore ses grâces exquises. Les beaux masques qui couvrent le front des belles ne servent, par leur noirceur, qu'à nous rappeler la blancheur qu'ils cachent. L'homme devenu aveugle ne peut oublier le précieux trésor qu'il a perdu avec la vue. Montre-moi la plus charmante femme : que sera pour moi sa beauté, sinon une page où je pourrai lire le nom d'une beauté plus charmante encore ? Adieu : tu ne saurais m'apprendre à oublier.

Benvolio. – J'achèterai ce secret-là, dussé-je mourir ruiné !

Ils sortent.

Scène 2

Devant la maison de Capulet.
Entrent Capulet, Pâris et un valet.

Capulet. – Montaigu est condamné comme moi, et avec une peine égale. Il n'est pas bien difficile, je pense, à des vieillards comme nous, de garder la paix.

Pâris. – Vous avez tous deux la plus honorable réputation et c'est pitié que vous ayez vécu si longtemps brouillés. Mais maintenant, Monseigneur, que répondez-vous à ma demande ?

Capulet. – Je ne puis que redire ce que j'ai déjà dit. Mon enfant est encore étrangère au monde ; elle n'a pas encore quatorze ans ; laissons s'écouler deux étés, avant de la juger mûre pour le mariage.

Pâris. – De plus jeunes qu'elle sont déjà d'heureuses mères.

Capulet. – Trop vite fanées sont ces mères trop jeunes. La terre a englouti toutes mes espérances, sauf Juliette. Elle est mon seul espoir sur terre. Faites-lui la cour, gentil Pâris, obtenez son cœur ; j'obéirai à ce qu'elle voudra ; si vous lui plaisez, c'est de son choix que dépendent mon accord et mon plein consentement. Je donne ce soir, selon une vieille coutume, une fête à laquelle j'invite ceux que j'aime ; vous serez bienvenu, si vous voulez être du nombre. Ce soir, dans ma pauvre demeure, attendez-vous à contempler des étoiles terrestres qui éclipseront la clarté des cieux. La joie délicieuse qu'éprouvent les jeunes amoureux alors qu'avril tout pimpant arrive sur les talons de l'imposant hiver, vous la ressentirez ce soir chez moi, au milieu de ces fraîches beautés en bouton. Écoutez-les toutes, voyez-les toutes, et donnez la préférence à celle qui la méritera. Ma fille sera une de celles que vous verrez, et, même si un n'est pas nombre, du moins elle fera nombre[1]. Allons, venez avec moi. *(Au valet.)* Holà, maraud ! Tu vas courir dans notre belle Vérone ; tu iras trouver les personnes dont les noms sont écrits ici, et tu leur diras que ma maison et mon hospitalité sont à leur disposition. *(Il remet un papier au valet et sort avec Pâris.)*

Le valet, *seul, les yeux fixés sur le papier.* – Trouver les gens dont les noms sont écrits ici ? Il est écrit… que le cordonnier doit se servir de son aune[2], le tailleur de son alène[3], le pêcheur de ses

1. Même si elle n'est qu'une jeune fille parmi d'autres, elle comptera beaucoup.
2. Mesure de longueur utilisée par le tailleur.
3. Outil de cordonnier servant à percer le cuir.

pinceaux et le peintre de ses filets[1] ; mais moi, on veut que j'aille trouver les personnes dont les noms sont écrits ici, alors que je ne sais même pas lire quels noms a écrits ici celui qui a écrit ! Il faut que je m'adresse à des savants. Heureuse rencontre !

Entrent Benvolio et Roméo.

BENVOLIO. – Bah ! mon cher, une inflammation éteint une autre inflammation ; une peine est diminuée par la douleur d'une autre peine. La tête te tourne-t-elle ? Tourne en sens inverse, et tu te remets. Une douleur désespérée se guérit par les souffrances d'une douleur nouvelle ; que tes regards aspirent un nouveau poison, et l'ancien perdra son pouvoir maléfique.

ROMÉO, *ironiquement.* – La feuille de plantain[2] est excellente pour cela.

BENVOLIO. – Pourquoi, je te prie ?

ROMÉO. – Pour une jambe cassée.

BENVOLIO. – Roméo, es-tu fou ?

ROMÉO. – Pas vraiment, mais lié plus durement qu'un fou ; je suis tenu en prison, privé de nourriture, fouetté, tourmenté et… *(Au valet.)* Bonsoir, mon bon ami.

LE VALET. – Dieu vous donne le bonsoir ! Dites-moi, Monsieur, savez-vous lire ?

ROMÉO. – Oui, mon avenir dans ma détresse.

LE VALET. – Peut-être avez-vous appris cela sans livre ; mais, dites-moi, savez-vous lire le premier écrit venu ?

ROMÉO. – Oui, si j'en connais les lettres et la langue.

LE VALET. – Vous parlez juste. Le ciel vous tienne en joie ! *(Il va pour se retirer.)*

ROMÉO, *le rappelant.* – Arrête, l'ami, je sais lire. *(Il prend le papier des mains du valet et lit.)* « Le *signor* Martino, sa femme et ses filles ; le comte Anselme et ses charmantes sœurs ; la veuve

La folie

L'expression « fou à lier » vient du fait qu'autrefois, les fous étaient enfermés dans des asiles et ligotés pour leur éviter de se blesser ou de blesser d'autres malades.

1. Le serviteur confond tous les instruments.
2. Plante commune dont les feuilles sont réputées pour leurs vertus cicatrisantes.

du *signor* Vitruvio ; le *signor* Placentio et ses aimables nièces ; Mercutio et son frère Valentin ; mon oncle Capulet, sa femme et ses filles ; ma jolie nièce Rosaline ; Livia ; le *signor* Valentio et son cousin Tybalt ; Lucio et la vive Héléna. » *(Rendant le papier.)* Voilà une belle assemblée. Où doit-elle se rendre ?

LE VALET. – Là-haut.

ROMÉO. – Où cela ?

LE VALET. – Chez nous, à souper.

ROMÉO. – Chez qui ?

LE VALET. – Chez mon maître.

ROMÉO. – J'aurais dû commencer par cette question.

LE VALET. – Je vais tout vous dire sans que vous le demandiez : mon maître est le grand et riche Capulet ; si vous n'êtes pas de la maison des Montaigu, je vous invite à venir chez nous vider un verre de vin. Dieu vous tienne en joie ! *(Il sort.)*

BENVOLIO. – C'est la traditionnelle fête des Capulet ; la charmante Rosaline, celle que tu aimes tant, y soupera, ainsi que toutes les beautés de Vérone ; vas-y, puis, d'un œil juste, compare son visage à d'autres que je te montrerai, et je te prouverai que ton cygne n'est qu'un corbeau.

ROMÉO. – Si jamais mon regard, en dépit d'une religieuse dévotion[3], proclamait un tel mensonge, que mes larmes se changent en flammes ! Que mes yeux, restés vivants quoique tant de fois noyés[4], véritables hérétiques[5], soient brûlés comme imposteurs ! Une femme plus belle que ma bien-aimée ! Le soleil qui voit tout n'a jamais vu son égale depuis le commencement du monde.

BENVOLIO. – Bah ! vous l'avez vue belle, parce que vous l'avez vue seule ; pour vos yeux, elle ne se comparait qu'à elle-même ; mais, dans les balances de vos yeux, comparez votre bien-aimée avec une autre beauté resplendissante que je vous

3. Ardeur.
4. Par les pleurs.
5. Personnes condamnées pour des opinions contraires à celles de l'Église catholique.

montrerai à cette fête, et elle perdra cet éclat qu'elle a pour vous aujourd'hui.

Roméo. – Soit ! J'irai, non pour voir ce que tu dis, mais pour me réjouir de la splendeur de mon adorée. *(Ils sortent.)*

Scène 3

Dans la maison de Capulet.

Entrent lady Capulet et la nourrice.

Lady Capulet. – Nourrice, où est ma fille ? Appelle-la.

La nourrice. – Eh ! par la virginité que j'avais encore à douze ans, je lui ai dit de venir… *(Appelant.)* Allons, mon agneau ! Allons, mon oiselle[1] ! Dieu me pardonne ! Où est donc cette fille ? Allons, Juliette !

Entre Juliette.

Juliette. – Eh bien, qui m'appelle ?

La nourrice. – Votre mère.

Juliette. – Me voici, Madame. Que voulez-vous ?

Lady Capulet. – Voici… Nourrice, laisse-nous un peu ; nous avons à causer en secret. *(La nourrice va pour sortir.)* Non, reviens, nourrice ; j'ai changé d'avis, tu assisteras à notre conversation. Tu sais que ma fille est d'un bel âge.

La nourrice. – Ma foi, je peux dire son âge à une heure près.

Lady Capulet. – Elle n'a pas quatorze ans.

La nourrice. – Je parierais quatorze de mes dents, mais, à ma grande douleur, je n'en ai plus que quatre, qu'elle n'a pas quatorze ans. Combien de jours y a-t-il d'ici à la Saint-Pierre ?

Lady Capulet. – Une quinzaine, plus ou moins.

1. Femelle de l'oiseau. Le terme désigne aussi une jeune fille naïve.

La nourrice. – Un peu plus ou un peu moins, qu'importe ! De tous les jours de l'année, c'est précisément la veille au soir de la Saint-Pierre qu'elle aura quatorze ans. Suzanne[2] et elle, Dieu garde toutes les âmes chrétiennes, étaient du même âge. Mais, à présent, Suzanne est avec Dieu : elle était trop parfaite pour moi ; mais, comme je disais, la veille au soir de la Saint-Pierre, elle aura quatorze ans ; elle les aura, ma parole. Je m'en souviens bien. Il y a maintenant onze ans depuis le tremblement de terre et elle fut sevrée[3], je ne l'oublierai jamais, précisément ce jour-là car j'avais mis de l'absinthe[4] au bout de mon sein, et j'étais assise au soleil contre le mur du pigeonnier. Monseigneur et vous étiez alors à Mantoue. Oh ! j'ai une bonne mémoire ! Mais, comme je disais, dès qu'elle eut goûté l'absinthe au bout de mon sein et qu'elle en eut senti l'amertume, il fallait voir comme la petite folle, toute furieuse, s'est emportée contre le téton ! Onze ans se sont passés ; à cette époque-là, elle courait et trottinait par tout : tenez, la veille, elle s'était cogné le front ; alors mon mari (Dieu ait son âme ! C'était un homme bien gai.) releva l'enfant : « Oui, dit-il, tu tombes sur la face. Quand tu seras plus grande, tu tomberas sur le dos, n'est-ce pas, Juju ? » Et, par Notre-Dame, la petite friponne arrêta de pleurer et dit : « Oui ! » Voyez à présent comme une plaisanterie vient à point ! Je garantis que, quand je vivrais mille ans, je n'oublierais jamais ça : « N'est-ce pas, Juju ? » fit-il ; et la petite s'arrêta et dit : « Oui ! »

Lady Capulet. – En voilà assez ; je t'en prie, tais-toi.

La nourrice. – Oui, Madame ; pourtant je ne peux pas m'empêcher de rire quand je songe qu'elle arrêta de pleurer et dit : « Oui ! » Pourtant, je garantis qu'elle avait au front une bosse aussi grosse qu'un œuf de pigeon. Un coup terrible et elle pleurait amèrement. « Oui, fit mon mari, tu tombes sur la

Le tremblement de terre de 1580

Le tremblement de terre de Londres fut ressenti jusqu'à Oxford et York. Son épicentre était situé vers Douvres (soit à près de 125 kilomètres de Londres).

2. Suzanne était la fille de la nourrice.
3. J'ai arrêté de l'allaiter.
4. Plante très amère.

face. Quand tu seras grande, tu tomberas sur le dos[1], n'est-ce pas, Juju ? » Et elle s'arrêta et dit : « Oui ! »

Juliette. – Arrête-toi donc aussi, je t'en prie, nourrice !

La nourrice. – D'accord ! j'ai fini. Que Dieu vous marque de sa grâce ! Vous étiez le plus joli poupon que j'aie jamais nourri ; si je vis assez pour vous voir mariée un jour, je serai satisfaite.

Lady Capulet. – Voilà justement le sujet dont je viens lui parler… Dis-moi, Juliette, ma fille, dans quelle disposition te sens-tu pour le mariage ?

Juliette. – C'est un honneur auquel je n'ai pas même songé.

La nourrice. – Un honneur ! Si je n'étais pas votre nourrice, je dirais que vous avez sucé la sagesse avec le lait.

Lady Capulet. – Eh bien, pense au mariage, dès à présent ; ici, à Vérone, de plus jeunes que toi, des dames fort estimées, sont déjà mères ; si je ne me trompe, j'étais ta mère avant ton âge. En deux mots, donc : le vaillant Pâris te recherche comme fiancée.

La nourrice. – Voilà un homme, ma jeune dame ! Un homme que le monde entier… Quoi ! c'est un homme parfait comme une figure de cire[2].

Lady Capulet. – Les jardins de Vérone n'offrent pas de fleur pareille.

La nourrice. – Oui, ma foi, il est la fleur du pays, une véritable fleur.

Lady Capulet. – Qu'en dis-tu ? Pourrais-tu aimer ce gentilhomme[3] ? Ce soir, tu le verras à notre fête ; lis sur le visage du jeune Pâris et observe toutes les grâces qu'y a tracées la plume de la beauté ; examine ses traits si harmonieux et vois le charme que chacun prête à l'autre : ce qui reste obscur en cette belle page[4], tu le trouveras éclairci dans les marges de

1. La nourrice insiste lourdement sur une allusion grossière qui choque Juliette et sa mère.
2. « Il a la beauté d'une figure de cire, mais n'a peut-être pas plus de vie. » (note d'Yves Bonnefoy)
3. Homme de noble naissance.
4. Sur ce beau visage.

ses yeux[5]. Ce précieux livre d'amour, cet amant jusqu'ici sans reliure, pour être parfait, n'a besoin que d'être couvert[6]. Le poisson brille sous la vague, et c'est une splendeur suprême pour le beau extérieur de cacher le beau intérieur ; aux yeux de beaucoup, rien de plus magnifique qu'un livre qui, avec un fermoir d'or, enferme la légende dorée ! Ainsi, en l'épousant, tu partageras tout ce qu'il possède, sans être en rien diminuée.

La nourrice. – Elle, diminuer ! Elle grossira[7] plutôt. Les femmes s'arrondissent auprès des hommes.

Lady Capulet, *à Juliette.* – Bref, répondras-tu à l'amour de Pâris ?

Juliette. – Je verrai à l'aimer, s'il suffit de voir pour aimer ! Mais je n'irai pas plus loin que ce que vous m'encouragez à faire.

Entre un valet.

Le valet. – Madame, les invités sont arrivés, le souper est servi ; on vous appelle ; on demande mademoiselle ; on maudit la nourrice à l'office ; on est débordé. Il faut que j'aille servir ; je vous supplie de venir vite.

Lady Capulet. – Nous te suivons. Juliette, le comte nous attend.

La nourrice. – Va, fillette, va ajouter d'heureuses nuits à tes heureux jours.

Tous sortent.

5. Ses yeux exprimeront ses sentiments et son caractère.
6. Lady Capulet file la métaphore.
7. Allusion à une grossesse future.

Scène 4

Une place sur laquelle est située la maison de Capulet.
Entrent Roméo, costumé, Mercutio, Benvolio, avec cinq ou six autres jeunes gens masqués, des gens portant des torches et des musiciens.

Roméo. – Voyons, faut-il prononcer un discours pour nous excuser ou entrer sans cérémonie ?

Benvolio. – Ces bavardages ne sont plus à la mode. Nous n'aurons pas de Cupidon aux yeux bandés d'une écharpe[1], portant un arc peint à la tartare[2], et faisant fuir les dames comme un épouvantail ; pas de prologue[3] appris par cœur et mollement débité à l'aide d'un souffleur[4] pour préparer notre entrée. Qu'ils nous mesurent[5] comme il leur plaira ; nous leur danserons une mesure[6] et nous partirons.

Roméo. – Qu'on me donne une torche ! Je ne suis pas d'humeur à gambader. Sombre comme je suis, je veux porter la lumière.

Mercutio. – Ah ! mon doux Roméo, nous voulons te voir danser.

Roméo. – Non, croyez-moi : vous avez tous des souliers de danse et le talon léger ; moi, j'ai une âme de plomb qui me cloue au sol et m'empêche de remuer.

Mercutio. – Tu es amoureux ; emprunte à Cupidon ses ailes, et tu voleras au-dessus de nous.

Roméo. – Ses flèches m'ont trop cruellement blessé pour que je m'élance sur ses ailes légères ; enchaîné comme je le suis, je ne peux m'élever au-dessus d'une éternelle douleur ; je m'enfonce sous l'amour qui m'écrase.

Mercutio. – Prends le dessus et tu l'écraseras ; tu accableras bien vite le délicat enfant.

Roméo. – L'amour, un délicat enfant ! Il est brutal, rude, violent. Il griffe comme l'épine.

1. Voir encart, p. 25.
2. À l'orientale.
3. Voir les propos du chœur p. 17.
4. Au théâtre, personne qui murmure leur texte aux comédiens, en cas de trou de mémoire.
5. Jugent.
6. De musique, c'est-à-dire : « nous ne resterons que peu de temps. »

Mercutio. – Si l'amour est brutal avec toi, sois brutal avec lui ; griffe l'amour qui te griffe, et tu le dompteras. *(Aux valets.)* Donnez-moi de quoi cacher mon visage. *(Se masquant.)* Un masque sur un masque ! Peu m'importe à présent qu'un regard curieux cherche à découvrir mes laideurs. Voilà d'épais sourcils qui rougiront pour moi !

Benvolio. – Frappons et entrons ; aussitôt dedans, que chacun se serve de ses jambes[7].

Roméo. – Donnez-moi une torche ! Que les galants au cœur léger chatouillent du pied la natte[8] insensible. Pour moi, je m'accommode d'un vieux dicton : je tiendrai la chandelle et je regarderai. Sur vos brillants ébats[9] mon humeur noire ferait tache.

Mercutio. – Bah ! la nuit, tous les chats sont gris ! Si tu es d'humeur noire, nous te tirerons, sauf respect, du bourbier[10] de cet amour où tu patauges jusqu'aux oreilles. Allons vite. Nous brûlons la lumière du jour.

Roméo. – Comment cela ?

Mercutio. – Je veux dire, messire, qu'en nous attardant, nous gaspillons nos lumières[11] pour rien, comme des lumières en plein jour. Comprenez-moi bien : notre bon sens vaut cinq fois mieux que chacun de nos sens[12].

Roméo. – En allant à ce bal masqué, notre intention est bonne, mais il y a peu de sens à y aller.

Mercutio. – Peut-on demander pourquoi ?

Roméo. – J'ai fait un rêve cette nuit.

Mercutio. – Moi aussi.

Roméo. – Eh bien ! Qu'as-tu rêvé ?

Mercutio. – Que souvent les rêveurs se mentent[13].

7. Pour danser puis s'enfuir le moment venu.
8. Natte de roseaux qui recouvrait le sol des riches demeures de cette époque.
9. Manifestations joyeuses.
10. Lieu plein de boue.
11. Esprits.
12. Autrement dit, il faut se fier à son bon sens plutôt qu'à ses sens.
13. Jeu de mots sur les verbes anglais *to lie*, « être couché » et *to lie*, « mentir ».

Roméo. – Dans leur lit, tout en dormant, ils rêvent parfois de la vérité.

Mercutio. – Oh ! je vois, la reine Mab t'a rendu visite. Elle est la fée accoucheuse et elle arrive, pas plus grosse qu'une agate[1] à l'index d'un alderman[2], traînée par un attelage de petits atomes, à travers le nez des hommes endormis. Les rayons des roues de son char sont faits de longues pattes de faucheux[3] ; la capote[4], d'ailes de sauterelles ; les rênes, de la plus fine toile d'araignée ; les harnais, d'humides rayons de lune. Son fouet, fait d'un os de griffon[5], a pour corde un fil de la Vierge[6]. Son cocher est un petit cousin[7] vêtu de gris, moitié plus petit qu'un minuscule ver tiré avec une épingle du doigt paresseux d'une servante. Son chariot est une noisette vide, taillée par le menuisier écureuil ou par le vieux ciron[8], carrossier traditionnel des fées. C'est dans cet attelage qu'elle galope nuit après nuit dans les cerveaux des amoureux qui rêvent aussitôt d'amour, sur les genoux des courtisans qui rêvent aussitôt de courbettes, sur les doigts des gens de loi qui rêvent aussitôt d'argent, sur les lèvres des dames qui rêvent aussitôt de baisers. Ces lèvres, Mab les couvre souvent de cloques, irritée car leur haleine est gâtée par quelque pastille. Tantôt elle galope sur le nez d'un courtisan, et vite il rêve d'une bonne place ; tantôt elle vient avec la queue d'un cochon de la dîme[9] chatouiller la narine d'un curé endormi, et vite il rêve d'un autre revenu ; tantôt elle passe sur le cou d'un soldat, et vite il rêve d'ennemis égorgés, d'assauts victorieux, d'embuscades, de lames espagnoles, de rasades profondes de cinq brasses[10], de tambours battant à son oreille ; sur quoi il tressaille, s'éveille, et, effrayé, jure une prière ou deux, et se rendort. C'est Mab qui, la nuit, tresse la crinière des chevaux et dans les poils emmêlés durcit des nœuds magiques impossibles à défaire sans attirer le malheur.

La reine Mab

Dans les légendes irlandaises, la reine Mab est une sorcière qui hante les dormeurs et les fait accoucher de leurs rêves et de leurs désirs secrets. Plus près de nous, Queen Mab fait des apparitions dans la série télévisée britannique *Merlin*.

1. Pierre semi-précieuse.
2. Conseiller municipal.
3. Insecte de la famille des araignées.
4. Le toit du char.
5. Animal fabuleux, à corps de lion et à tête et ailes d'aigle.
6. Fil de toile d'araignée.
7. Sorte de moustique.
8. Animal minuscule.
9. Impôt prélevé par l'Église et souvent payé en nature.
10. Vin en très grande quantité.

C'est la stryge[11] qui, quand les filles sont couchées sur le dos, les étreint et les habitue à porter leur charge[12] pour en faire des femmes à solide carrure. C'est elle…

Roméo. – Silence, silence, Mercutio, silence ! Tu nous parles de petits riens.

Mercutio. – En effet, je parle des rêves, qui sont les enfants d'un cerveau en délire, que fait naître la fantaisie, aussi peu solide que l'air et plus variable que le vent qui vient en ce moment du nord et qui, tout à l'heure, s'échappant dans une bouffée de colère, va se tourner vers le midi encore humide de rosée.

Benvolio. – Ce vent dont tu parles nous emporte loin de nous-mêmes : le souper est fini et nous arriverons trop tard.

Roméo. – Trop tôt, j'en ai peur ! Mon âme pressent qu'une catastrophe, encore suspendue à mon étoile[13], aura pour date funeste cette nuit de fête, et terminera ma méprisable existence par le coup sinistre d'une mort prématurée. Mais que celui qui est le nautonier[14] de ma destinée dirige ma voile ! En avant, joyeux amis !

Benvolio. – Battez, tambours !

Ils sortent.

11. Vampire mi-femme mi-chienne.
12. Leur grossesse.
13. La mauvaise étoile qui a présidé à sa naissance (voir prologue, p. 17).
14. Marin qui est à la barre d'un bateau.

Scène 5

Une salle dans la maison de Capulet.
Entrent plusieurs valets portant des serviettes.

Premier valet. – Où est donc Laterrine, il ne m'aide pas à desservir ? Lui, soulever une assiette ! Lui, frotter une table ! Fi donc[1] !

Deuxième valet. – Quand le soin d'une maison est confié aux mains d'un ou deux hommes qui ne se lavent même pas les mains, c'est une sale affaire.

Premier valet. – Enlevez les tabourets ! Poussez le buffet ! Attention à l'argenterie. *(À l'un de ses camarades.)* Mon vieux, mets-moi de côté un massepain[2] ; et, si tu m'aimes, dis au portier de laisser entrer Suzanne Lameule et Nelly… Antoine ! Laterrine !

Troisième valet. – Voilà ! J'arrive !

Premier valet. – On vous attend, on vous appelle, on vous demande, on vous réclame dans la grande chambre.

Troisième valet. – Nous ne pouvons pas être partout en même temps. Allez, vite, mes enfants ; mettez-y un peu d'énergie, et que le dernier emporte tout. *(Ils se retirent.)*

Entrent le vieux Capulet, puis, parmi la foule des convives, Tybalt, Juliette et la nourrice ; enfin Roméo, accompagné de ses amis, tous masqués. Les valets vont et viennent.

Capulet. – Messieurs, soyez les bienvenus ! Les dames qui ne souffrent pas de cors aux pieds vont danser avec vous. Ah ! ah ! mes belles ! Qui de vous refusera de danser à présent ? Celle qui fera la délicate, je dirai bien fort qu'elle a des cors[3]. Eh ! je vous prends par l'endroit sensible, n'est-ce pas ? *(À de nouveaux arrivants.)* Vous êtes les bienvenus, Messieurs.

1. Interjection marquant ici le dégoût.
2. Gâteau à base d'amandes et de meringue.
3. Petites grosseurs douloureuses sur les orteils.

J'ai connu le temps où, moi aussi, je portais un masque et savais chuchoter à l'oreille des belles dames des mots qui leur plaisent ; ce temps-là n'est plus, il n'est plus, il n'est plus. *(À de nouveaux arrivants.)* Vous êtes les bienvenus, Messieurs. Allons, musiciens, jouez ! Place nette pour le bal ! Faites de la place ! Et en avant, jeunes filles ! *(La musique joue. Les danses commencent. Aux valets.)* Encore des lumières, fripons ! Repliez ces tables et éteignez le feu ; il fait trop chaud ici. *(À son cousin Capulet, qui arrive.)* Ah ! mon cher, cette distraction inattendue est d'autant plus appréciée. Asseyez-vous, asseyez-vous, bon cousin Capulet car vous et moi, nous avons passé l'âge de danser. Combien de temps depuis notre dernier bal masqué ?

DEUXIÈME CAPULET. – Trente ans, par Notre-Dame.

CAPULET. – Bah ! mon cher, pas tant, pas tant ! C'était au mariage de Lucentio. Vienne la Pentecôte[4] aussi vite qu'elle voudra, il n'y aura que vingt-cinq ans ; pour cette occasion nous étions masqués.

DEUXIÈME CAPULET. – Il y a plus longtemps, il y a plus longtemps : son fils est plus âgé, messire, il a trente ans.

CAPULET. – Que dites-vous ? Son fils était encore mineur il y a deux ans.

ROMÉO, *à un valet, montrant Juliette.* – Quelle est la belle dame qui tient la main de ce cavalier, là-bas ?

LE VALET. – Je ne sais pas, Monsieur.

ROMÉO. – Oh ! elle apprend aux flambeaux à briller ! Sa beauté est suspendue à la face de la nuit comme un riche bijou à l'oreille d'une Éthiopienne ! Beauté trop précieuse pour la possession, trop exquise pour la terre ! Telle la colombe de neige dans un vol de corneilles[5], telle apparaît cette jeune dame au milieu de ses compagnes. Cette danse finie, j'observerai la place où elle se tient, et je donnerai à ma main grossière le

4. Fête chrétienne qui a lieu quarante jours après Pâques.
5. Oiseau gris ou noir.

bonheur de toucher la sienne. Mon cœur a-t-il aimé jusqu'ici ? Non ; jurez-le, mes yeux : avant ce soir, je n'avais pas vu la vraie beauté.

Tybalt, *désignant Roméo.* – Je reconnais cette voix ; ce doit être un Montaigu. *(À un page.)* Va me chercher ma rapière[1], page. Quoi ! le misérable ose venir ici, couvert d'un masque grotesque, pour insulter et se moquer de notre fête ? Ah ! par l'antique honneur de ma race, je ne crois pas qu'il y ait péché à l'étendre mort !

Capulet, *s'approchant de Tybalt.* – Eh bien ! Qu'avez-vous donc, mon neveu ? Pourquoi cette grosse colère ?

Tybalt. – Mon oncle, voici un Montaigu, un de nos ennemis, un misérable qui est venu ici par bravade[2] insulter à[3] notre soirée solennelle.

Capulet. – N'est-ce pas le jeune Roméo ?

Tybalt. – C'est lui, ce misérable Roméo !

Capulet. – Du calme, gentil cousin ! Laissez-le tranquille ; il se comporte en courtois gentilhomme ; et, à dire vrai, Vérone est fière de lui, comme d'un jouvenceau[4] vertueux[5] et bien élevé. Je ne voudrais pas, pour toutes les richesses de cette ville, qu'ici, dans ma maison, il lui soit fait un affront. Prenez donc patience, ne faites pas attention à lui, c'est ma volonté ; pour la respecter, prenez un air aimable et laissez là cet air menaçant qui convient mal à une fête.

Tybalt. – Il convient parfaitement dès qu'on a pour invité un tel misérable ; je ne le supporterai pas.

Capulet. – Vous le supporterez ! Qu'est-ce à dire, Monsieur le freluquet[6] ! J'entends[7] que vous le supportiez. Qui est le maître ici, vous ou moi ? Allons donc ! Vous ne le supporterez pas ! Dieu me pardonne ! Vous voulez soulever une émeute au

1. Épée longue et effilée.
2. Par défi.
3. Faire insulte au bon déroulement de.
4. Jeune homme noble.
5. Pourvu de beaucoup de qualités.
6. Jeune homme sans cervelle.
7. J'ordonne.

milieu de mes invités ! Vous voulez mettre le vin en perce[8] ! Vous voulez faire l'homme !

TYBALT. – Mais, mon oncle, c'est une honte.

CAPULET. – Allons, allons, vous êtes un insolent garçon. En vérité, votre conduite pourrait vous coûter cher. Je sais ce que je dis. Vous voulez me contrarier ! Morbleu ! C'est le moment ! *(Aux danseurs.)* Bravo, mes chers cœurs ! *(À Tybalt.)* Vous êtes un faquin[9]. Restez tranquille, sinon… *(Aux valets.)* Des lumières, encore des lumières ! Quelle honte ! *(À Tybalt.)* Je vous ferai rester tranquille, allez ! *(Aux danseurs.)* De l'entrain, mes petits cœurs !

TYBALT. – La patience qu'on m'impose lutte en moi avec une colère obstinée et leur choc fait trembler tous mes membres. Je vais me retirer ; mais cette fureur rentrée, qu'en ce moment on croit adoucie, se changera en fiel[10] amer. *(Il sort.)*

ROMÉO, *prenant la main de Juliette.* – Si j'ai profané avec mon indigne main cette châsse[11] sacrée, je suis prêt à une douce pénitence : permettez à mes lèvres, comme à deux pèlerins rougissants, d'effacer ce grossier attouchement[12] par un tendre baiser.

JULIETTE. – Bon pèlerin, vous êtes trop sévère pour votre main qui ne fait que montrer une respectueuse dévotion. Les saintes ont des mains que touchent les mains des pèlerins et cette étreinte est un pieux baiser.

ROMÉO. – Les saintes n'ont-elles pas des lèvres, et les pèlerins aussi ?

JULIETTE. – Si, pèlerin, des lèvres pour prier.

ROMÉO. – Alors, chère sainte, que les lèvres fassent ce que font les mains. Elles prient ; exaucez-les, de peur que leur foi ne se change en désespoir.

8. Faire un trou dans le tonneau pour pouvoir boire le vin, ici : tout faire déborder.
9. Individu sans valeur et impertinent.
10. Bile des animaux. Au sens figuré, haine.
11. Coffret précieux où sont conservées les reliques d'un saint.
12. Contact.

JULIETTE. – Les saintes restent immobiles, tout en exauçant[1] les prières.

ROMÉO. – Restez donc immobile, tandis que je recueillerai l'effet de ma prière. *(Il l'embrasse sur la bouche.)* Vos lèvres ont effacé le péché des miennes.

JULIETTE. – Mes lèvres ont gardé pour elles le péché qu'elles ont pris des vôtres.

ROMÉO. – Vous avez pris le péché de mes lèvres ? Ô reproche charmant ! Alors rendez-moi mon péché. *(Il l'embrasse encore.)*

JULIETTE. – Vous avez l'art des baisers.

LA NOURRICE, *à Juliette.* – Madame, votre mère voudrait vous dire un mot. *(Juliette se dirige vers lady Capulet.)*

ROMÉO, *à la nourrice.* – Qui donc est sa mère ?

LA NOURRICE. – Eh bien, jeune homme, sa mère est la maîtresse de la maison, une bonne dame, sage et vertueuse ; j'ai nourri sa fille avec qui vous parliez ; je vais vous dire : celui qui lui mettra la main dessus fera sonner les écus[2].

ROMÉO. – C'est une Capulet ! Ô trop chère[3] créance[4] ! Je dois la vie à mon ennemie.

BENVOLIO, *à Roméo.* – Allons, partons ; la fête est en train de se terminer.

ROMÉO. – Hélas oui ! Et mon trouble est à son comble[5].

CAPULET. – Non, messieurs, ne partez pas encore : nous avons un méchant petit souper[6] qui se prépare… Vous êtes donc décidés ? Alors je vous remercie tous. Je vous remercie, honnêtes gentilshommes. Bonne nuit. Des torches par ici !… Allons, au lit ! *(À son cousin Capulet.)* Ah ! ma foi, mon cher, il se fait tard : je vais me reposer.

Tous sortent, excepté Juliette et la nourrice.

JULIETTE. – Viens ici, nourrice ! Qui est ce gentilhomme, là-bas ?

1. Réalisant.
2. Deviendra riche car elle aura une riche dot.
3. *Dear*, en anglais. Le traducteur joue sur les deux sens de *cher*, en français.
4. Dette.
5. À son maximum.
6. Litote humoristique qui indique qu'en réalité le souper sera somptueux.

La nourrice. – C'est le fils et l'héritier du vieux Tibério.

Juliette. – Qui est celui qui sort à présent ?

La nourrice. – Ma foi, je crois que c'est le jeune Petruchio.

Juliette, *montrant Roméo.* – Qui est cet autre qui suit et qui n'a pas voulu danser ?

La nourrice. – Je ne sais pas.

Juliette. – Va demander son nom. *(La nourrice s'éloigne un moment.)* S'il est marié, mon cercueil pourrait bien être mon lit de noces[7].

La nourrice, *revenant.* – Son nom est Roméo ; c'est un Montaigu, le fils unique de votre grand ennemi.

Juliette. – Mon unique amour naît de mon unique haine ! Je l'ai vu trop tôt sans le connaître et je l'ai connu trop tard. Un monstrueux amour est né en moi, puisque j'aime un ennemi haï !

La nourrice. – Que dites-vous ? Que dites-vous ?

Juliette. – Une strophe[8] que vient de m'apprendre un de mes danseurs. *(Voix au-dehors appelant Juliette.)*

La nourrice. – Voici ! Voici ! Allons-nous en ; tous les étrangers sont partis.

Elles sortent.

7. Je mourrais puisque je ne pourrais pas l'épouser.
8. La précédente réplique de Juliette forme un quatrain qui pourrait passer pour une chanson.

Franck Dicksee (1853-1928), *Roméo et Juliette*, *le bal*, dessin, gouache et grisaille (31 x 43 cm), 1882, coll. part.

Pause lecture 1

ACTE I

Haines et amour

L'entrée dans l'action Prologue et scène 1, p. 17 à 26

Avez-vous bien lu ?

En cas de nouvelle bagarre, quel châtiment prévoit le Prince contre les responsables ?

❏ L'exil.

❏ La mort.

❏ La confiscation de leurs biens.

Le prologue

1 Qui désigne le pronom *nous* (l. 2, p. 17) ? À qui s'adresse-t-il ? Justifiez votre réponse.

2 Quels sont les deux champs lexicaux dominants du chœur ? En quoi nous renseignent-ils sur le genre de la tragédie ?

3 En quoi les personnages correspondent-ils au genre tragique ? Quel sera le dénouement annoncé de la pièce ? Quel est l'effet produit sur le spectateur ?

Vérone à feu et à sang

4 Précisez les différentes étapes de la bagarre. Quelle forme de violence est représentée sur scène ? Pourquoi l'affrontement cesse-t-il ?

L'apparition de Roméo

5 Pourquoi Montaigu est-il inquiet pour son fils ? Quelle métaphore rend compte l'état d'esprit de Roméo ?

6 Par quels types de phrases se traduit le désespoir de Roméo (l. 190 à 201) ? Quelle est la cause de son désespoir ? Relevez tous les oxymores (mots de sens opposés) qui définissent l'amour selon Roméo.

Projets de mariage scènes 2 et 3, p. 26 à 33

Avez-vous bien lu ?

D'après les propos de la nourrice, en quelle année l'action se passe-t-elle ?

❑ En 1580.
❑ En 1591.
❑ En 1596.

Jeunes et amoureux

1 Dans les propos de Roméo à Benvolio (l. 344 à 350), relevez les expressions qui expriment son amour. À quel champ lexical appartiennent-elles ? Qui en est l'objet ? Benvolio est-il dans le même registre ? Relevez quelques expressions significatives.

2 Pour quelles raisons Roméo et Pâris vont-ils se rendre au bal donné par les Capulet ?

Juliette

3 Dans la scène 3 où elle apparaît pour la première fois, quelle impression se dégage de Juliette ?

4 Quelle est la fonction de la nourrice dans cette scène. Analysez notamment la longue réplique (l. 380 à 404, p. 31). Pourquoi Juliette et sa mère lui demandent-elles de se taire ?

Lyrisme et comique

5 Qui évoque l'amour dans sa pureté ? Par quels procédés ce sentiment est-il évoqué ? Quels personnages ont une autre vision de l'amour ? Que produit ce mélange des registres ?

6 Relevez des éléments comiques dans les deux scènes.

Une rencontre bouleversante scènes 4 et 5, p. 34 à 43

Avez-vous bien lu ?

Comment Tybalt reconnaît-il Roméo ?

❑ À son masque.
❑ À sa voix.
❑ À son costume.

Avant le bal

1 Quel est l'état d'esprit de Roméo avant le bal ?

2 Comment est utilisée l'image traditionnelle de l'Amour (voir encart culturel, p. 25) par Benvolio, par Mercutio et par Roméo? En quoi la longue tirade de Mercutio sur la reine Mab (l. 521 à 552, p. 36-37) fait-elle avancer l'action ?

Comique et violence

3 Quels sont les éléments comiques au début de la scène 5 ? De quels types de comique s'agit-il ? En quoi forment-ils un contraste avec la scène précédente ?

4 Qui relance la violence ? Pourquoi ? Qui arrive à l'apaiser ? Expliquez.

Un coup de foudre

5 Qu'est ce qui fascine Roméo, quand il voit Juliette ? Relevez quelques comparaisons significatives dans les lignes 623 à 632, p. 39-40. Quel projet fait-il ? Va-t-il le réaliser ?

6 Relevez les répétitions de termes dans les propos qu'échangent Roméo et Juliette. À quel champ lexical appartiennent-ils ? Quelle est l'utilité de ces répétitions ? Quels oxymores expriment le tragique de cette rencontre ?

Vers l'expression

Vocabulaire

1. *Chœur* et *cœur* sont des homonymes. Employez chacun d'eux dans une phrase qui fera apparaître sa signification. Cherchez trois autres paires d'homonymes.

2. *Dégainer, rengainer* : comment sont formés ces deux verbes ? Trouvez deux autres séries de verbes formés avec les mêmes préfixes.

3. Trouvez deux adjectifs dérivés de *amour* et précisez leur sens. Cherchez le titre d'une pièce de théâtre de Marivaux et une de Musset dont les titres contiennent le mot *amour*.

À vous de jouer

Écrivez un dialogue de théâtre

Imaginez la discussion entre deux citoyens de Vérone qui critiquent l'attitude des Capulet et des Montaigu parce qu'ils entretiennent un climat de violence dans la ville. Vous pourrez reprendre certains arguments du Prince (scène 1). N'oubliez pas les indications de décor, de costumes. Enrichissez le dialogue par des didascalies (ton de la voix, gestes, expressions du visage).

Du texte à l'image

Observez la photographie → voir dossier images p. I

Roméo et Juliette, film de Carlo Carlei, 2013
avec Hailee Steinfeld et Douglas Booth.

1 À quel moment de la pièce correspond cette image du film de Carlo Carlei ?

2 Pourquoi les personnages sont-ils masqués ? Que révèle l'échange des regards ?

3 À quoi voit-on que les personnages sont comme seuls au monde et unis ?

4 Quel parti pris a été adopté pour les costumes ? Comment révèlent-ils le rang social des personnages ?

5 Décrivez le décor. Comment imaginez-vous l'extérieur de la demeure ?

6 D'où vient la lumière ? Relevez dans le texte de Shakespeare des expressions qui justifient la présence des candélabres.

Bernardo Celentano (1835-1863), *Le Ménestrel*, huile sur toile (63 x 46 cm), Naples.

Entre le chœur.

LE CHŒUR

Maintenant, le vieil amour[1] est en train de mourir,
Et une passion nouvelle espère lui succéder.
Cette belle pour qui notre amant gémissait et voulait mourir,
Comparée à la tendre Juliette, a cessé d'être belle.
Maintenant Roméo est aimé de celle qu'il aime :
Et tous deux sont ensorcelés par le charme de leurs regards.
Mais il a besoin de conter ses peines à son ennemie supposée[2],
Et elle vole ce doux appât d'amour sur un hameçon dangereux[3].
Traité en ennemi, Roméo ne peut voir librement sa belle
Pour murmurer ces vœux que les amants se plaisent à prononcer,
Et Juliette, tout aussi amoureuse, peut encore moins
Se ménager une rencontre avec son amoureux.
Mais la passion leur donne la force, et le temps, l'occasion
De goûter ensemble d'ineffables[4] joies dans d'ineffables émotions.
Il sort.

1. L'amour que Roméo disait éprouver pour une belle insensible (voir acte I, scène 1) dans son dialogue avec Benvolio.
2. Juliette.
3. La métaphore indique que Juliette devra affronter de grands dangers pour vivre cet amour.
4. Inexprimables.

Scène 1

Une route aux abords du jardin de Capulet.
Roméo entre précipitamment.

Roméo, *montrant le mur du jardin.* – Puis-je aller plus loin, quand mon cœur est ici ?
Il escalade le mur et disparaît.
Entrent Benvolio et Mercutio.

Benvolio. – Roméo ! Mon cousin Roméo !

Mercutio. – Il a agi sagement. Sur ma vie, il s'est sauvé pour aller se coucher.

Benvolio. – Il a couru de ce côté et sauté par-dessus le mur de ce jardin. Appelle-le, mon brave Mercutio.

Mercutio. – Je vais faire mieux ; je vais le faire apparaître. Roméo ! Caprice ! Frénésie ! Passion ! Amour ! Apparais-nous sous la forme d'un soupir. Dis seulement un vers et je suis satisfait, crie seulement « hélas ! ». Fais rimer « amour » avec « jour » ! Rien qu'un mot aimable pour ma complice, Vénus ! Un seul surnom pour son fils, pour son aveugle[1] héritier, le jeune Adam Cupid, celui qui visa si juste, quand le roi Cophetua tomba amoureux de la mendiante ! Il n'entend pas, il ne remue pas, il ne bouge pas. Le singe semble mort : évoquons-le[2]. Roméo, je te conjure par les yeux brillants de Rosaline[3], par son large front et par sa lèvre écarlate, par son pied mignon, par sa jambe svelte, par sa cuisse frémissante, et par les domaines adjacents[4], apparais-nous sous ta propre forme !

Benvolio. – S'il t'entend, il se fâchera.

Mercutio. – Cela ne peut pas le fâcher ; il se fâcherait avec raison, si je faisais surgir dans le cercle de sa maîtresse un

Le roi Cophetua

D'après une ballade de l'époque de Shakespeare, ce roi était particulièrement indifférent aux charmes féminins jusqu'au jour où, croisant une mendiante, il éprouva une telle passion pour elle qu'il l'épousa.

1. Voir note, 1 p. 34.
2. Faisons-le apparaître par des formules ou des rites magiques.
3. La jeune fille dont Roméo était amoureux au début de la pièce.
4. Voisins *(allusion grivoise)*.

démon d'une nature étrange que je laisserais planté là jusqu'à ce qu'elle l'ait mis à terre par ses exorcismes. Ce serait une offense, mais j'agis en enchanteur loyal et honnête ; et, au nom de sa maîtresse, c'est lui seul que je vais faire surgir.

BENVOLIO. – Allons ! Il s'est enfoncé sous ces arbres pour y chercher une nuit aussi sombre que son humeur. Son amour est aveugle et n'est à sa place que dans les ténèbres.

MERCUTIO. – Si l'amour est aveugle, il ne peut quand même toucher sa cible. Sans doute Roméo s'est assis au pied d'un pêcher, pour rêver qu'il le commet avec sa maîtresse[5]. Bonne nuit, Roméo… Je vais retrouver mon lit ; ce lit des champs est trop froid pour que j'y dorme. Eh bien, partons-nous ?

BENVOLIO. – Oui, partons ; car il est inutile de chercher ici quelqu'un qui ne veut pas qu'on le trouve.

Ils sortent.

Scène 2

Le jardin de Capulet. Sous les fenêtres de l'appartement de Juliette.

Entre Roméo.

ROMÉO. – Celui qui n'a jamais été blessé se moque des blessures ! *(Apercevant Juliette qui apparaît à une fenêtre.)* Mais doucement ! Quelle lumière jaillit par cette fenêtre ? Voilà l'Orient, et Juliette est le soleil ! Lève-toi, belle aurore, et tue la lune jalouse[6], qui déjà languit et pâlit de douleur parce que toi, sa prêtresse, tu es plus belle qu'elle ! Ne sois plus sa prêtresse, puisqu'elle est jalouse de toi ; sa robe de vestale est maladive et pâle, et les folles seules la portent : rejette-la ! Voilà ma dame ! Voilà mon amour ! Si elle pouvait le savoir ! Que dit-elle ? Rien… Elle se tait… Mais non ; son regard parle, et je veux lui

Les Vestales

À Rome, ces prêtresses de Vesta, la déesse du foyer, sont de familles nobles. Elles devaient demeurer vierges et exerçaient leur fonction pendant trente ans. Roméo mêle ici le culte de Vesta avec celui de Diane, elle aussi déesse de la chasteté et de la lumière lunaire.

5. Jeu de mots sur *pêcher* (arbre) et *péché* (faute).
6. Allusion à la rivalité entre la lumière du soleil et celle de la lune.

répondre. Ce n'est pas à moi qu'elle s'adresse. Deux des plus belles étoiles du ciel, ayant à faire ailleurs, supplient ses yeux de resplendir dans leurs sphères jusqu'à ce qu'elles reviennent. Ah ! si les étoiles remplaçaient ses yeux, et ses yeux, les étoiles, le seul éclat de ses joues ferait pâlir la clarté des astres, comme le jour fait pâlir une lampe ; ses yeux, du haut du ciel, darderaient[1] une telle lumière à travers les airs, que les oiseaux chanteraient, croyant que la nuit n'existe plus. Voyez comme elle appuie sa joue sur sa main ! Oh ! Que ne suis-je le gant de cette main ! Je toucherais sa joue !

JULIETTE. – Hélas !

ROMÉO. – Elle parle ! Parle encore, ange resplendissant ! Car tu rayonnes dans cette nuit, au-dessus de ma tête, comme un ange du ciel, quand, aux yeux bouleversés des mortels qui relèvent la tête pour le contempler, il chevauche les nuées[2] paresseuses et vogue sur les airs !

JULIETTE. – Ô Roméo ! Roméo ! Pourquoi es-tu Roméo ? Renie ton père et abandonne ton nom ; ou, si tu ne le veux pas, jure de m'aimer et je ne serai plus une Capulet.

ROMÉO, *à part.* – Dois-je l'écouter encore ou lui répondre ?

JULIETTE. – Ton nom seul est mon ennemi. Tu n'es pas un Montaigu, tu es toi-même. Qu'est-ce qu'un Montaigu ? Ce n'est ni une main, ni un pied, ni un bras, ni un visage, ni rien qui fasse partie d'un homme… Oh ! Sois quelque autre nom ! Qu'y a-t-il dans un nom ? Ce que nous appelons une rose sentirait aussi bon sous un autre nom. Ainsi, même si Roméo ne s'appelait plus Roméo, il conserverait encore toutes les perfections qu'il possède… Roméo, renonce à ton nom ; et, à la place de ce nom qui ne fait pas partie de toi, prends-moi tout entière.

1. Lanceraient avec force.
2. Gros nuages.

Roméo. – Je te prends au mot ! Appelle-moi seulement ton amour et je reçois un nouveau baptême : désormais je ne suis plus Roméo.

Juliette. – Quel homme es-tu, toi qui, ainsi caché par la nuit, viens de découvrir mon secret ?

Roméo. – Je ne sais par quel nom t'indiquer qui je suis. Mon nom, sainte chérie, m'est odieux à moi-même, parce qu'il est pour toi un ennemi : si je l'avais écrit, je déchirerais les lettres.

Juliette. – Mon oreille n'a pas encore écouté cent paroles articulées par cette voix et pourtant j'en reconnais le son. N'es-tu pas Roméo et un Montaigu ?

Roméo. – Ni l'un ni l'autre, belle jeune fille, si tu détestes l'un et l'autre.

Juliette. – Comment es-tu venu ici, dis-moi ? Et dans quel but ? Les murs du jardin sont hauts et difficiles à franchir. Considère qui tu es : ce lieu est ta mort, si un de mes proches te trouve ici.

Roméo. – J'ai escaladé ces murs sur les ailes légères de l'amour, car les obstacles de pierre ne sauraient arrêter l'amour, et ce que l'amour peut faire, l'amour ose le tenter ; voilà pourquoi tes parents ne sont pas un obstacle pour moi.

Juliette. – S'ils te voient, ils te tueront.

Roméo. – Hélas ! Il y a plus de péril[3] pour moi dans ton regard que dans vingt de leurs épées : que ton œil me soit doux, et je ne crains plus leur haine.

Juliette. – Je ne voudrais pas pour tout l'or du monde qu'ils te voient ici.

Roméo. – J'ai le manteau de la nuit pour me soustraire à leur vue. D'ailleurs, si tu ne m'aimes pas, qu'ils me trouvent ici ! J'aime mieux finir ma vie sous les coups de leur haine qu'attendre la mort, privé de ton amour.

Juliette. – Qui t'a guidé jusqu'ici ?

3. Danger.

Roméo. – L'amour en premier m'a suggéré d'y venir : il m'a prêté son intelligence et je lui ai prêté mes yeux. Je ne suis pas un pilote[1] ; mais, quand tu serais aussi loin que la vaste plage baignée par la mer la plus lointaine, je risquerais la traversée pour une cargaison pareille.

Juliette. – Tu sais que le masque de la nuit est sur mon visage ; sans cela, tu verrais la pudeur[2] colorer ma joue, quand je songe aux paroles que tu m'as entendu dire cette nuit. Ah ! Je voudrais rester dans les convenances[3] ; je voudrais, je voudrais nier ce que j'ai dit. Mais adieu, les bonnes manières ! M'aimes-tu ? Je sais que tu vas dire « oui », et je te croirai sur parole. Ne le jure pas : tu pourrais trahir ton serment et les faux serments des amoureux font, dit-on, rire Jupiter[4]… Gentil Roméo, si tu m'aimes, proclame-le loyalement. Si tu crois que je me laisse trop vite séduire, je froncerai le sourcil, je serai cruelle, et je te dirai non, pour que tu me fasses la cour : autrement, rien au monde ne m'y déciderait. En vérité, beau Montaigu, je suis trop éprise, et tu pourrais croire ma conduite légère[5], mais crois-moi, gentilhomme, je me montrerai plus fidèle que celles qui, mieux que moi, font semblant d'être pudiques. J'aurais été plus réservée, je l'avoue, si tu n'avais pas surpris, à mon insu[6], l'aveu passionné de mon amour. Pardonne-moi donc et ne crois pas que cette faiblesse que la nuit noire t'a permis de découvrir soit due à un amour inconstant.

Roméo. – Madame, je jure par la lune sacrée qui argente toutes ces cimes d'arbres chargés de fruits !

Juliette. – Ne jure pas par la lune, l'inconstante lune dont le disque change chaque mois, de peur que ton amour ne devienne aussi changeant !

Roméo. – Par quoi dois-je jurer ?

1. Qui conduit un bateau.
2. Timidité.
3. Les bonnes manières.
4. Qui était lui-même un amant volage.
5. Manquant de retenue.
6. Sans que je le sache.

Juliette. – Ne jure pas du tout ; ou, si tu le veux, jure par toi-même, être gracieux, qui est le dieu de mon idolâtrie[7], et je te croirai.

Roméo. – Si l'amour profond de mon cœur…

Juliette. – Ne jure pas ! Quoique tu sois ma joie, je ne puis goûter cette nuit toutes les joies de notre amour ; il est trop brusque, trop imprévu, trop subit, trop semblable à l'éclair qui a disparu avant qu'on ait pu dire : « Il brille ! » Doux ami, bonne nuit ! Ce bouton d'amour, mûri par le souffle de l'été, deviendra peut-être une belle fleur, à notre prochaine rencontre… Bonne nuit, bonne nuit ! Que le repos, le calme délicieux qui est dans ma poitrine, arrive jusqu'à ton cœur !

Roméo. – Vas-tu donc me laisser aussi insatisfait ?

Juliette. – Quelle satisfaction veux-tu obtenir cette nuit ?

Roméo. – L'échange solennel de ton amour contre le mien.

Juliette. – Mon amour ! Je te l'ai donné avant que tu l'aies demandé. Et pourtant je voudrais qu'il soit encore à donner.

Roméo. – Voudrais-tu me le retirer ? Et pour quelle raison, mon amour ?

Juliette. – Rien que pour être généreuse et te le donner encore. Mais je désire un bonheur que j'ai déjà ; mon désir de donner est aussi illimité que la mer, et mon amour aussi profond : plus je te donne, plus il me reste, car l'une et l'autre sont infinis. *(On entend la voix de la nourrice.)* J'entends du bruit dans la maison. Cher amour, adieu ! J'arrive, bonne nourrice ! Doux Montaigu, sois fidèle. Attends un moment, je vais revenir. *(Elle se retire de la fenêtre.)*

Roméo. – Ô céleste, céleste nuit ! Comme il fait nuit, j'ai peur que tout ceci ne soit qu'un rêve, trop délicieusement agréable pour être réel.

Juliette revient.

7. Culte passionné rendu à une idole.

Juliette. – Trois mots encore, cher Roméo, si ton amour est honorable, si ton but est le mariage, fais-moi savoir demain, par le messager que je t'enverrai, en quel lieu et à quel moment tu veux accomplir la cérémonie, alors je déposerai à tes pieds ma vie tout entière, et je te suivrai, Monseigneur, jusqu'au bout du monde.

La nourrice, *derrière le théâtre.* – Madame !

Juliette. – Je viens ! Tout de suite ! Mais si ton intention n'est pas bonne, je te supplie…

La nourrice, *derrière le théâtre.* – Madame !

Juliette. – À l'instant ! Je viens !… de cesser de me faire la cour et de me laisser à ma douleur. J'enverrai quelqu'un demain.

Roméo. – Par le salut de mon âme…

Juliette. – Mille fois bonne nuit ! *(Elle quitte la fenêtre.)*

Roméo. – La nuit est mille fois plus sombre, dès que ta lumière[1] lui manque… *(Se retirant à pas lents.)* L'amour court vers l'amour comme l'écolier hors de la classe ; mais il s'en éloigne avec l'air accablé de l'enfant qui rentre à l'école.

Juliette reparaît à la fenêtre.

Juliette. – Stt ! Roméo ! Stt ! Que n'ai-je la voix du fauconnier pour réclamer mon noble tiercelet[2] ! Mais la captive ne peut ni crier ni parler fort, sans quoi j'ébranlerais la caverne où Écho dort, et sa voix aérienne serait bientôt plus enrouée que la mienne, tellement je lui ferais répéter le nom de mon Roméo !

Roméo, *revenant sur ses pas.* – C'est mon âme qui me rappelle par mon nom. Quels sons mélodieux a dans la nuit la voix de la bien-aimée ! Quelle douce musique pour une oreille attentive !

Juliette. – Roméo !

Roméo. – Ma mie[3] ?

Écho

Nymphe des bois et des sources, Écho détournait l'attention de Junon lorsque son mari, Jupiter, la trompait. Junon découvrit la ruse et condamna Écho à répéter les dernières syllabes des phrases qu'elle entendrait.

1. C'est-à-dire la présence rayonnante de Juliette.
2. Faucon utilisé pour la chasse.
3. Mon amie.

LA NOURRICE, *derrière le théâtre.* – Madame !

JULIETTE. – À quelle heure, demain, enverrai-je mon messager vers toi ?

ROMÉO. – À neuf heures.

JULIETTE. – Je n'y manquerai pas ! Il y a vingt ans à attendre d'ici là. J'ai oublié pourquoi je t'ai rappelé.

ROMÉO. – Laisse-moi rester ici jusqu'à ce que tu t'en souviennes.

JULIETTE. – Je l'oublierai, pour que tu restes toujours là, me rappelant seulement combien j'aime ta compagnie.

ROMÉO. – Et je resterai là pour que tu l'oublies toujours, oubliant moi-même que ma demeure est ailleurs.

JULIETTE. – Il est presque jour. Je voudrais que tu sois parti, mais sans t'éloigner plus que l'oiseau apprivoisé d'une enfant capricieuse : elle le laisse voleter un peu hors de sa main, pauvre prisonnier embarrassé de liens, et vite elle le ramène en tirant le fil de soie, tant l'amour qu'elle a pour lui est jaloux de sa liberté.

ROMÉO. – Je voudrais être ton oiseau !

JULIETTE. – Ami, je le voudrais aussi ; mais je te tuerais à force de caresses. Bonne nuit ! Bonne nuit ! Si douce est la tristesse de nos adieux que je te dirais « bonne nuit » jusqu'à l'aube.

Elle se retire.

ROMÉO, *seul.* – Que le sommeil vienne sur tes yeux et la paix dans ton cœur ! Je voudrais être le sommeil et la paix pour me reposer avec tant de douceur. Je vais de ce pas à la cellule[4] de mon père spirituel[5], pour implorer son aide et lui raconter mon bonheur.

Il sort.

4. Petite chambre de moines dans les monastères.

5. Confesseur qui reçoit l'aveu des péchés et les pardonne au nom de Dieu, dans la religion catholique.

Scène 3

La cellule de Frère Laurent.
Entre Frère Laurent, portant un panier.

FRÈRE LAURENT. – L'aube aux yeux gris couvre de son sourire la triste nuit et orne de lignes lumineuses les nuées d'Orient ; l'obscurité tachetée, chancelant comme un ivrogne, s'éloigne de la route du jour devant les roues du Titan radieux. Avant que le soleil, de son regard de flamme, ait ranimé le jour et séché l'humide rosée de la nuit, je dois remplir ce panier d'osier de plantes vénéneuses et de fleurs au suc[1] précieux. La terre, qui est la mère des créatures, est aussi leur tombe ; leur tombeau est aussi leur berceau. Nous trouvons des enfants de toute espèce, sortis de son ventre, suçant son sein ; la plupart sont doués de nombreuses vertus ; aucun n'en est dépourvu, et pourtant tous sont différents. Oh ! Comme est grand le pouvoir de guérison des herbes, des plantes, des pierres et leurs propriétés ! Sur terre, il n'est rien de si humble qui ne rende un service spécial ; il n'est rien non plus de si bon qui, détourné de son juste usage, ne devienne contraire à son origine[2] et ne tombe dans le mal. La vertu elle-même devient vice si elle est mal employée, alors que le vice est parfois racheté par une bonne action.

Entre Roméo.

FRÈRE LAURENT, *prenant une fleur dans le panier.* – Le calice naissant de cette faible fleur cache un poison et un cordial[3] puissants : respirez-la, elle stimule et l'odorat et toutes les facultés ; goûtez-la, elle frappe de mort et le cœur et tous les sens. Deux reines ennemies sont sans cesse en lutte dans l'homme comme

Apollon et son char

Dans la mythologie Apollon, dieu de la lumière, faisait lever et coucher le Soleil chaque jour, en conduisant son char dans le ciel. L'assimiler à un Titan donne à cette aube une dimension gigantesque et annonce une journée exceptionnelle.

1. À la sève.
2. En ayant des effets négatifs.
3. Un remontant (la fleur possède à la fois des pouvoirs de guérison et de mort).

dans la plante, la grâce et la révolte ; et là où la pire l'emporte, le ver de la mort a bien vite dévoré la créature.

ROMÉO. – Bonjour, mon père.

FRÈRE LAURENT. – *Benedicite*[4] ! Quelle voix matinale me salue si doucement ? Jeune fils, c'est signe d'un esprit perturbé, quand on dit adieu si tôt à son lit. Le souci fait le guet dans les yeux du vieillard, et le sommeil n'entre jamais où loge le souci. Mais là où repose la jeunesse pas encore meurtrie par le temps, l'esprit libre, là règne un sommeil de plomb. Je conclus donc de ta visite matinale que quelque grave inquiétude t'a jeté hors du lit. Ou alors, je devine que notre Roméo ne s'est pas couché cette nuit.

ROMÉO. – Cette dernière supposition est la vraie ; mais mon repos n'en a été que plus doux.

FRÈRE LAURENT. – Dieu pardonne au pécheur ! Étais-tu donc avec Rosaline ?

ROMÉO. – Avec Rosaline ! Oh non, mon révérend[5] père : j'ai oublié ce nom, et toutes les souffrances qui allaient avec.

FRÈRE LAURENT. – Voilà qui est bien, mon fils[6]. Mais où étais-tu alors ?

ROMÉO. – Je vais te le dire et t'épargner de nouvelles questions. Je me suis trouvé à la même fête que mon ennemi ; tout à coup cet ennemi m'a blessé et je l'ai blessé à mon tour : notre guérison à tous deux dépend de tes secours et de ton ministère sacré[7]. Tu le vois, saint homme, je n'ai pas de haine car j'intercède pour[8] mon adversaire comme pour moi.

FRÈRE LAURENT. – Parle clairement, mon cher fils, et explique-toi sans détour : une confession équivoque[9] n'obtient qu'une absolution[10] équivoque.

ROMÉO. – Apprends-le clairement, j'aime d'un amour profond la fille charmante du riche Capulet. Elle a frappé mon cœur

4. Formule latine signifiant : « Sois béni ».
5. Formule de politesse pour saluer un prêtre.
6. Façon de désigner un homme pour un prêtre.
7. Le fait que tu sois prêtre.
8. Parle en faveur de.
9. Peu claire.
10. Un pardon.

comme j'ai frappé le sien ; pour que notre union soit complète, il nous manque seulement d'être unis par toi par le saint mariage. Quand, où et comment nous nous sommes vus, aimés et fiancés, je te le dirai ; mais, avant tout, je t'en prie, accepte de nous marier aujourd'hui même.

Frère Laurent. – Par saint François ! Quel changement ! Cette Rosaline que tu aimais tant, est-elle donc si vite abandonnée ? Ah ! L'amour des jeunes gens n'est pas vraiment dans le cœur, il n'est que dans les yeux. Jésus Marie ! Que de larmes pour Rosaline ont inondé tes joues pâles ! Que d'eau salée versée en pure perte pour assaisonner un amour qui n'en garde pas même l'arrière-goût ! Le soleil n'a pas encore dissipé tes soupirs dans le ciel ; tes gémissements passés tintent encore à mes vieilles oreilles. Tiens, il y a encore là, sur ta joue, la trace d'une ancienne larme, pas encore essuyée ! Si alors tu étais toi-même, si ces douleurs étaient les tiennes, tes douleurs et toi vous étiez tout pour Rosaline ; et te voilà changé ! Prononce donc avec moi ce précepte[1] : « Les femmes peuvent être faibles, quand les hommes manquent de force. »

Roméo. – Tu m'as souvent reproché mon amour pour Rosaline.

Frère Laurent. – Ton amour ? Non, mon enfant, mais ton idolâtrie.

Roméo. – Et tu m'as dit d'enterrer cet amour.

Frère Laurent. – Je ne t'ai pas dit d'enterrer un amour pour en exhumer[2] un autre.

Roméo. – Je t'en prie, ne me gronde pas : celle que j'aime à présent me rend faveur pour faveur et amour pour amour ; l'autre n'en faisait pas autant.

Frère Laurent. – Elle voyait bien que ton amour récitait sa leçon avant même de savoir lire. Mais viens, jeune inconstant, viens avec moi ; une raison me décide à t'aider : cette union

1. Parole toujours vraie.
2. Faire sortir.

peut, par un heureux effet, changer en affection la rancune de vos familles.

Roméo. – Allons-y ; il faut faire vite.

Laurent. – Allons prudemment et doucement : qui court vite trébuche.

Ils sortent.

Scène 4

Une rue.

Entrent Benvolio et Mercutio.

Mercutio. – Où diable peut bien être ce Roméo ? Est-il rentré cette nuit ?

Benvolio. – Non, pas chez son père ; j'ai parlé à son valet.

Mercutio. – Ah ! cette pâle fille au cœur de pierre, cette Rosaline le tourmente tellement qu'à coup sûr, il va devenir fou.

Benvolio. – Tybalt, le neveu du vieux Capulet, lui a envoyé une lettre chez son père.

Mercutio. – Une carte de duel[3], sur mon âme !

Benvolio. – Roméo y répondra.

Mercutio. – Tout homme qui sait écrire peut répondre à une lettre.

Benvolio. – C'est à l'auteur de la lettre qu'il répondra : provocation pour provocation.

Mercutio. – Hélas ! Pauvre Roméo ! Il est déjà mort, poignardé par l'œil noir d'une blanche jeune fille, frappé à l'oreille par un chant d'amour, atteint au beau milieu du cœur par la flèche de l'aveugle petit archer. Est-ce là un homme capable d'affronter Tybalt ?

Benvolio. – Eh ! Qui est donc que ce Tybalt ?

3. Un défi.

Amours et mythologie

Mercutio cite, l. 388 à 395, les grandes amoureuses de la mythologie : Didon abandonnée par Énée, Cléopâtre, Hélène de Troie, Héro et Thisbé qui rejoignent leurs amants Léandre et Pyrame dans la mort.

Mercutio. – Plutôt le roi des tigres que des chats[1], je peux te le dire. Il est le courageux champion du point d'honneur[2]. Il se bat comme tu chantes un air, observe les temps, la mesure et les règles, allonge *piano*[3], une, deux, trois, et te touche en pleine poitrine. C'est un tueur pour les boutons de soie[4], un duelliste, un gentilhomme de première salle[5], qui manie l'épée pour la première cause venue. *(Il se met en garde et se fend.)* Oh ! La botte[6] immortelle ! La riposte en tierce[7] ! Touché !

Benvolio. – Quoi donc ?

Mercutio, *se relevant.* – Au diable ces originaux avec leur zézaiement, leurs manières bizarres et leur nouvel accent ! *(Changeant de voix.)* « Jésus ! La bonne lame ! Le bel homme ! L'excellente putain ! » Ah ! mon vieux, n'est-ce pas lamentable que nous soyons ainsi harcelés par ces moustiques étrangers, par ces gravures de modes qui nous poursuivent de leurs « pardonnez-moi, très cher », et qui sont tellement à cheval sur la mode qu'ils ne peuvent plus s'asseoir sur nos vieux bancs ? Leurs os ! Leurs os !

Entre Roméo, rêveur.

Benvolio. – Voici Roméo ! Voici Roméo !

Mercutio. – Que les os ! Sec comme un hareng saur[8] ! Pauvre chair, quel triste maigre[9] tu fais ! Voyons, récite-nous un peu de cette poésie dont débordait Pétrarque[10] : comparée à ta dame, Laure n'était qu'une fille de cuisine, bien que son chantre[11] sache mieux rimer que toi ; Didon, une dondon ; Cléopâtre, une gipsy[12] ; Hélène, une catin[13] ; Héro, une cuisse légère ; Thisbé, un œil d'azur, mais sans éclat ! Signor Roméo, bonjour ! Vous nous avez joué un joli tour hier soir.

Roméo. – Salut à tous deux ! Que veux-tu dire ?

1. Allusion au *Roman de Renart*, récit du Moyen Âge mettant en scène des animaux humanisés, comme le chat Tibert.
2. Il cherche des occasions de se battre pour défendre son honneur.
3. Sur un rythme lent.
4. Jeunes gens nobles.
5. Qui a appris l'escrime dans les meilleures salles d'arme.
6. Coup d'épée.
7. Une des positions d'attaque de l'escrimeur.
8. Séché et fumé.
9. Sans gras.
10. Poète italien (1304-1374), qui écrivit le *Canzoniere*, dans lequel il chante sa passion pour Laure, la femme aimée.
11. Le poète qui l'a célébrée.
12. Bohémienne.
13. Prostituée.

MERCUTIO. – Eh ! Tu ne comprends pas ? Tu as fait une fugue, une superbe fugue !

ROMÉO. – Pardon, mon cher Mercutio, je suis pressé ; et, dans ce cas-là, il est permis à un homme de fausser compagnie à ses amis.

MERCUTIO. – Autant dire que, dans un cas comme le vôtre, un homme est forcé de fléchir le jarret[14] pour…

ROMÉO. – Pour tirer sa révérence.

MERCUTIO. – Merci. Tu as touché juste.

ROMÉO. – C'est l'explication la plus convenable.

MERCUTIO. – Sache que je suis la rose[15] des bonnes manières.

ROMÉO. – Fais-la-moi sentir.

MERCUTIO. – La rose même !

ROMÉO, *montrant sa chaussure couverte de rubans.* – Mon escarpin t'en offre la rosette ! *(Il lui donne un coup de pied.)*

MERCUTIO. – Bien dit. Prolonge cette plaisanterie jusqu'à ce que ton escarpin soit complètement usé ; quand il n'aura plus de talon, tu pourras du moins appuyer sur la pointe.

ROMÉO. – Plaisanterie de va-nu-pieds[16] !

MERCUTIO. – Au secours, bon Benvolio ! Je n'ai plus d'inspiration.

ROMÉO. – Fouette ou éperonne[17], sinon, je crie : « Victoire ! »

MERCUTIO. – Si c'est à la course des oies que tu me défies, je déclare forfait : il y a de l'oie dans un seul de tes esprits plus que dans tous les miens. M'aurais-tu pris pour une oie ?

ROMÉO. – Je ne t'ai jamais pris pour autre chose.

MERCUTIO. – Je vais te mordre l'oreille pour cette plaisanterie-là.

ROMÉO. – Non. Bonne oie ne mord pas.

MERCUTIO. – Ton esprit est comme une pomme aigre : il est à la sauce piquante.

ROMÉO. – N'est-ce pas ce qu'il faut pour accommoder l'oie grasse ?

14. Céder.
15. La fine fleur, le champion.
16. Vagabond.
17. Reprends courage et énergie.

Mercutio. – Peau de chevreau, si extensible qu'avec un pouce de long on l'allonge comme une verge.

Roméo. – Je n'ai qu'à donner de l'ampleur à l'oie en question, cela suffit ; te voilà déclaré… grosse oie. *(Ils éclatent de rire.)*

Mercutio. – Eh bien, ne vaut-il pas mieux rire que de gémir d'amour ? Te voilà sociable à présent, te voilà redevenu Roméo ; te voilà ce que tu dois être, par l'art et par la nature. Crois-moi, cet amour pleurnicheur est un grand nigaud[1] qui s'en va, tirant la langue et cherchant un trou où fourrer son… joujou[2].

Benvolio. – Arrête-toi là, arrête-toi là.

Mercutio. – Tu veux donc que je coupe la queue de mon histoire ?

Benvolio. – Je craignais qu'elle ne fût trop longue.

Mercutio. – Oh ! Tu te trompes : elle allait être courte, car je suis à bout et je n'ai pas l'intention d'occuper la place plus longtemps.

Roméo. – Voilà qui est parfait.

Entrent la nourrice et Pierre.

Mercutio. – Une voile ! Une voile ! Une voile !

Benvolio. – Deux voiles ! Deux voiles ! Une culotte et un jupon.

La nourrice. – Pierre !

Pierre. – Voilà !

La nourrice. – Mon éventail, Pierre.

Mercutio. – Donne-le-lui, bon Pierre, qu'elle cache son visage, son éventail est moins laid.

La nourrice. – Dieu vous donne le bonjour, mes gentilshommes !

Mercutio. – Dieu vous donne le bonsoir ma gentille femme !

La nourrice. – C'est donc déjà le soir ?

Mercutio. – Oui, déjà, je vous l'assure, car l'index du cadran est droit sur midi.

1. Idiot.
2. Sexe masculin.

La nourrice. – Non mais dites donc ! Quel homme êtes-vous donc ?

Roméo. – Un mortel, gentille femme, que Dieu créa pour se faire injure à lui-même.

La nourrice. – Bien répondu, sur ma parole ! Pour se faire injure à lui-même, a-t-il dit… Messieurs, l'un de vous saurait-il m'indiquer où je puis trouver le jeune Roméo ?

Roméo. – Je puis vous l'indiquer : pourtant le jeune Roméo, quand vous l'aurez trouvé, sera plus vieux qu'au moment où vous vous êtes mis à le chercher. Je suis le plus jeune de ce nom-là, à défaut d'en trouver un pire.

La nourrice. – Fort bien !

Mercutio. – Elle trouve le pire fort bien. Bien vu, ma foi, très intelligent, très intelligent.

La nourrice, *à Roméo.* – Si vous êtes Roméo, Monsieur, je désire vous faire une courte confidence.

Benvolio. – Elle va l'inviter à quelque souper.

Mercutio. – Une maquerelle[3] ! Une maquerelle ! Une maquerelle ! Taïaut[4] !

Roméo, *à Mercutio.* – Quel gibier as-tu donc levé ?

Mercutio. – Ce n'est pas précisément un lièvre, mais une bête à poil, rance[5] comme la venaison[6] moisie d'un pâté de carême[7].

Il chante : *Un vieux lièvre faisandé.*
Quoiqu'il ait le poil gris,
Est un fort bon plat de carême
Mais un vieux lièvre faisandé.
A trop longtemps duré,
S'il est moisi avant d'être fini.

Roméo, viens-tu chez ton père ? Nous y allons dîner.

Roméo. – Je vous suis.

3. Femme qui dirige une maison de prostituées.
4. Cri poussé par les chasseurs lorsqu'ils débusquent le gibier.
5. Amère.
6. Gibier.
7. Pâté préparé depuis longtemps et mangé en cachette pendant le Carême, période de jeûne. Il a donc eu le temps de moisir.

Mercutio, *saluant la nourrice en chantant.* – Adieu, antique dame, adieu, Madame, adieu, Madame.

Sortent Mercutio et Benvolio.

La nourrice. – Eh bien, adieu ! Je vous prie de me dire, Monsieur, quel est cet insolent mercanti[1] qui risque de se faire pendre pour effronterie[2] ?

Roméo. – C'est un gentilhomme, nourrice, qui aime à s'entendre parler et qui en dit plus en une minute qu'il ne pourrait en écouter en un mois.

La nourrice. – S'il s'avise de dire quoi que ce soit contre moi, je lui rabattrai son caquet, à lui comme à vingt freluquets[3] de son espèce ; et si je ne puis le faire moi-même, je trouverai des personnes qui s'en chargeront. Le polisson ! Le malotru[4] ! Je ne suis pas une de ses petites amies ; je ne suis pas une de ses complices ! *(À Pierre.)* Et toi, tu restes planté là et tu permets au premier filou venu de me traiter comme il veut !

Pierre. – Je n'ai vu personne vous traiter comme il voulait, sinon j'aurais sorti ma lame, je vous le garantis. Je suis aussi rapide qu'un autre à dégainer quand je vois l'occasion d'une bonne bagarre et que la loi est de mon côté.

La nourrice. – Par Dieu ! Je suis si vexée que j'en tremble de tous mes membres !... Le polisson ! le malotru !... *(S'adressant à Roméo)* De grâce, Monsieur, un mot ! Comme je vous l'ai dit, ma jeune maîtresse m'a chargée d'aller à votre recherche. Ce qu'elle m'a chargée de vous dire, je le garde pour moi... Mais d'abord, laissez-moi vous déclarer que, si vous aviez l'intention, comme on dit, de la mener au paradis des fous[5], ce serait une façon d'agir très grossière, car la demoiselle est très jeune. Si donc il vous arrivait de jouer double jeu avec elle[6], ce serait un vilain tour à faire à une demoiselle.

1. Personne malhonnête.
2. Moquerie méchante.
3. Jeunes gens.
4. Goujat, mal élevé.
5. La mener en bateau.
6. De la tromper.

Roméo. – Nourrice, dis du bien de moi à ta dame et maîtresse. Je te jure…

La nourrice. – L'excellent cœur ! Oui, ma foi, je le lui dirai. Seigneur ! Seigneur ! Elle va être bien joyeuse.

Roméo. – Que lui diras-tu, nourrice ? Tu ne m'écoutes pas.

La nourrice. – Je lui dirai, Monsieur, que vous jurez, ce qui, à mon avis, est une action de gentilhomme.

Roméo. – Dis-lui de trouver quelque moyen d'aller se confesser cette après-midi ; c'est dans la cellule de Frère Laurent qu'elle sera confessée et mariée. Voici pour ta peine. *(Il lui offre sa bourse.)*

La nourrice. – Non vraiment, Monsieur, pas un denier[7] !

Roméo. – Allons ! Il le faut, te dis-je.

La nourrice, *prenant la bourse.* – Cette après-midi, Monsieur ? Bon, elle sera là.

Roméo. – Et toi, bonne nourrice, tu attendras derrière le mur de l'abbaye. Dans moins d'une heure, mon valet ira te rejoindre et t'apportera une échelle de corde : ce sont les haubans par lesquels je dois, dans le mystère de la nuit, monter à la hune[8] de mon bonheur. Adieu ! Dis du bien de moi à ta maîtresse.

La nourrice. – Que le Dieu du ciel vous bénisse ! Écoutez, Monsieur.

Roméo. – Qu'as-tu à me dire, ma chère nourrice ?

La nourrice. – Votre valet est-il discret ? Vous connaissez sans doute le proverbe : « Deux personnes peuvent garder un secret à condition d'en garder une à l'écart. »

Roméo. – Rassure-toi : mon valet est aussi sûr que l'acier.

La nourrice. – Bien, monsieur : ma maîtresse est bien la plus charmante des dames, quand elle n'était encore qu'un petit être babillard[9] ! Il y a en ville un grand seigneur, un certain Pâris, qui voudrait bien tenter l'abordage ; mais elle, la bonne

7. Sou.
8. Les haubans sont les cordages qui tiennent les mâts d'un navire à voile ; la hune est la plateforme à l'avant d'un navire.
9. Qui gazouille comme un bébé.

âme, elle aimerait autant voir un crapaud, un vrai crapaud, que de le voir, lui. Je la fâche quelquefois quand je lui dis que Pâris est l'homme qui lui convient le mieux. Ah ! Je vous le garantis, quand je dis ça, elle devient aussi pâle que n'importe quel linge au monde. Romarin et Roméo commencent tous deux par la même lettre, n'est-ce pas ?

Roméo. – Oui, nourrice. L'un et l'autre commencent par un R. Et après ?

La nourrice. – Ah ! Vous parlez d'un air moqueur. Rrrrrrr, c'est l'aboiement d'un chien… Je suis bien sûre que Roméo commence par une autre lettre… Allez, elle dit de si jolies phrases sur vous et sur le romarin, que vous auriez plaisir à les entendre.

Roméo. – Recommande-moi à ta maîtresse. *(Il sort.)*

La nourrice. – Oui, mille fois !… Pierre !

Pierre. – Voilà !

La nourrice. – En avant, et vite !

Ils sortent.

> **Le romarin**
>
> Au Moyen Âge, les gens plaçaient des feuilles de romarin sous leur oreiller pour éloigner les mauvais esprits et les mauvais rêves.

Scène 5

Le jardin de Capulet.
Entre Juliette.

Juliette. – L'horloge frappait neuf heures, quand j'ai envoyé la nourrice ; elle m'avait promis d'être de retour en une demi-heure… Peut-être n'a-t-elle pas pu le trouver !… Mais non… Elle est boiteuse ! Les messagers d'amour devraient être les pensées, dix fois plus rapides que les rayons du soleil qui dissipent l'ombre au-dessus des collines couronnées de nuages. Voilà pourquoi l'amour est traîné par d'agiles colombes ;

voilà pourquoi Cupidon a des ailes rapides comme le vent. Maintenant, le soleil a atteint le sommet de sa course d'aujourd'hui. De neuf heures à midi, il y a trois longues heures, et elle n'est pas encore revenue. Si elle avait les passions et le sang brûlant de la jeunesse, elle serait aussi rapide qu'une balle ; d'un mot je la lancerais à mon bien-aimé qui me la renverrait d'un mot. Mais ces vieilles gens, on les prendrait souvent pour des morts, à voir leur immobilité, leur lenteur, leur lourdeur et leur pâleur de plomb.

Entrent la nourrice et Pierre.

Juliette. – Mon Dieu, la voici enfin… Ô nourrice douce comme le miel, quoi de nouveau ? L'as-tu trouvé ?… Renvoie cet homme.

La nourrice. – Pierre, reste à la porte. *(Pierre sort.)*

Juliette. – Eh bien, bonne, douce nourrice ?… Seigneur ! Pourquoi as-tu cette mine abattue ? Si tes nouvelles sont tristes, annonce-les-moi gaiement. Si tes nouvelles sont bonnes, tu fais tort à leur douce musique en me la jouant avec cet air grincheux.

La nourrice. – Je suis épuisée ; laissez-moi respirer un peu. Ah ! Que mes os me font mal ! Quelle course j'ai faite !

Juliette. – Je voudrais que tu aies mes os, pourvu que j'aie des nouvelles… Allons, je t'en prie, parle ; bonne, bonne nourrice, parle.

La nourrice. – Jésus ! Quelle hâte ! Ne pouvez-vous pas attendre un peu ? Ne voyez-vous pas que je suis essoufflée ?

Juliette. – Comment peux-tu être essoufflée quand il te reste assez de souffle pour me dire que tu es essoufflée ? L'excuse que tu donnes à ton retard est plus longue à dire que le récit que tu t'excuses de retarder ; tes nouvelles sont-elles bonnes ou mauvaises ? Réponds à cela ; réponds d'un mot, et j'attendrai les détails. Je veux savoir : sont-elles bonnes ou mauvaises ?

La nourrice. – Ma foi, vous avez fait là un drôle de choix, vous ne savez pas choisir un homme : Roméo, un homme ? Non. Son visage est le plus beau visage qui soit, il a la jambe mieux faite que tout autre ; et pour la main, pour le pied, pour la taille, il n'y a pas grand-chose à en dire, tout cela est incomparable. Il n'est pas la fleur de la courtoisie, pourtant je le garantis aussi doux qu'un agneau. Au fait, avez-vous dîné à la maison ?

Juliette. – Non, non… Mais je savais déjà tout cela. Que dit-il de notre mariage ? Qu'en dit-il ?

La nourrice. – Seigneur, que la tête me fait mal ! Quelle tête j'ai ! Elle bat comme si elle allait tomber en vingt morceaux… Et puis, d'un autre côté, mon dos… Oh ! Mon dos ! Mon dos ! Méchant cœur que vous êtes de m'envoyer ainsi pour attraper la mort à galoper de tous côtés !

Juliette. – En vérité, je suis fâchée que tu ne sois pas bien : chère, chère, chère nourrice, dis-moi, que dit mon bien-aimé ?

La nourrice. – Votre bien-aimé parle en gentilhomme loyal, et courtois, et aimable, et gracieux, et, j'ose le dire, vertueux… Où est votre mère ?

Juliette. – Où est ma mère ? Eh bien, elle est à la maison : où veux-tu qu'elle soit ? Ta réponse est vraiment bizarre ! « Votre bien-aimé parle en gentilhomme loyal… Où est votre mère ? »

La nourrice. – Notre-Dame du bon Dieu ! Êtes-vous à ce point brûlante ? Échauffez-vous encore : est-ce là le cataplasme[1] pour mes pauvres os ? Dorénavant, faites vos commissions vous-même !

Juliette. – Que de paroles inutiles ! Que dit Roméo ?

1. Le remède.

La nourrice. – Avez-vous permission d'aller vous confesser aujourd'hui ?

Juliette. – Oui.

La nourrice. – Eh bien, courez de ce pas à la cellule de Frère Laurent : un mari vous y attend pour faire de vous sa femme. Ah bien ! Voilà ce fripon de sang qui vous vient aux joues : bientôt elles deviendront écarlates à la moindre nouvelle. Courez à l'église ; moi, je vais d'un autre côté, chercher l'échelle par laquelle votre bien-aimé doit grimper jusqu'au nid de l'oiseau, dès qu'il fera nuit noire. C'est moi qui suis la bête de somme[2], et je m'épuise pour votre plaisir ; mais, pas plus tard que ce soir, ce sera vous qui porterez le fardeau. Allons, je vais dîner ; courez vite à la cellule.

Juliette. – Vite au bonheur suprême ! Honnête nourrice, adieu.

Elles sortent par des côtés différents.

2. Cheval portant de lourdes charges. Ici, l'expression désigne celle qui fait les corvées.

Roméo et Juliette, chorégraphie de Kenneth McMillan avec Alina Cojocaru (Juliette) et Gillian Revie (la nourrice), The Royal Ballet, Londres, janvier 2010.

Scène 6

La cellule de Frère Laurent.

Frère Laurent. – Veuille le ciel sourire à cet acte pieux[1], et puisse l'avenir ne pas nous le reprocher par un chagrin !

Roméo. – Amen ! Amen ! Mais tous les chagrins possibles peuvent bien venir, ils ne pèseraient pas bien lourd face au bonheur que me donne la plus courte minute passée en sa présence. Joins seulement nos mains avec les paroles saintes, et qu'alors la mort, dévoreuse d'amour, fasse ce qu'elle ose : que Juliette soit mienne me suffit !

Frère Laurent. – Ces joies violentes ont des fins violentes et meurent dans leur triomphe : flamme et poudre, elles se consument en un baiser. Le plus doux miel devient écœurant par sa douceur même et gâte l'appétit par son goût sucré : aime donc modérément ; modéré est l'amour durable : la précipitation n'atteint pas le but plus vite que la lenteur.

Entre Juliette.

Frère Laurent. – Voici la dame ! Oh ! Jamais un pied aussi léger n'usera la dalle éternelle : les amoureux pourraient chevaucher sur ces fils de la Vierge[2] qui flottent au souffle ardent de l'été, et ils ne tomberaient pas ; si légère est l'illusion de l'amour !

Juliette. – Salut à mon vénérable confesseur !

Frère Laurent. – Roméo te remerciera pour nous deux, ma fille.

Juliette. – Je lui envoie le même salut ! Sans quoi ses remerciements ne seraient pas mérités.

Roméo. – Ah ! Juliette, si ta joie est aussi grande que la mienne, et si, plus habile que moi, tu peux la peindre, alors parfume de ton haleine l'air qui nous entoure et que la riche musique de

1. Le mariage religieux célébré secrètement.
2. Fils secrétés par certaines araignées très légers. Allusion poétique au fil soyeux du fuseau de la Vierge Marie.

ta voix exprime le bonheur idéal que nous fait ressentir à tous deux une rencontre si chère.

Juliette. – La pensée, plus riche de matière que de paroles, est fière de sa substance, et non de ses ornements. Il n'y a que les mendiants qui comptent leurs richesses ; mais mon sincère amour est si riche que je ne saurais évaluer la moitié de mes trésors.

Frère Laurent. – Allons, venez avec moi, et nous aurons bientôt fait ; si vous me le permettez, je ne vous laisserai seuls que quand la sainte Église vous aura unis.

Ils sortent.

François-Marius Granet (1775-1849), *Intérieur de l'église Saint-François à Tivoli*, dessin, crayon noir, encre brune lavis brun et plume (24,5 x 19 cm), musée du Louvre, Paris.

Pause lecture 2

ACTE II

Un mariage compliqué

Une scène d'amour célèbre

scènes 1, 2 et 3, p. 51 à 63

Avez-vous bien lu ?

À quel moment de la journée se déroule la scène 3 ?

- ❏ Dans l'après-midi.
- ❏ À midi.
- ❏ Vers la fin de la nuit.

Prélude à la scène du balcon

1 Comment le chœur fait-il le lien avec l'acte précédent ? Qu'annonce-t-il (l. 8 à 15) ?

La rencontre secrète des deux amoureux

2 Relisez les tirades de Roméo (l. 62 à 81) et de Juliette (l. 92 à 100). Montrez qu'ils sont dans un état d'esprit très différent. Relevez quelques expressions qui le prouvent.

3 Pourquoi Juliette insiste-t-elle autant sur le nom de Roméo (l. 95 à 100) ? À quel moment ce nom change-t-il de sens pour elle ?

4 Relevez dans les propos de Juliette et de Roméo des hyperboles, des métaphores poétiques et des reprises de mots qui contribuent à l'expression du lyrisme amoureux.

5 Quelles sont les menaces qui pèsent sur les amoureux ?

6 Quelle décision prennent Roméo et Juliette à la fin de la scène 3 ? Par qui seront-ils aidés ?

Une scène de farce scène 4, p. 63 à 70

Avez-vous bien lu ?

Pourquoi Roméo a-t-il fait une fugue après le bal ?

❑ Pour rentrer tôt chez lui.
❑ Pour retrouver Juliette en secret.
❑ Pour rompre avec Rosaline.

Une scène animée

1 Quels personnages entrent et sortent de scène ? Quelle différence le théâtre élisabéthain présente-t-il par rapport au théâtre classique français du XVIIe siècle ? (Aidez-vous des pages 164-165.) Quel est l'effet produit ?

2 Quels personnages absents sont au cœur du dialogue ? Pourquoi ?

3 Cette scène comporte deux informations importantes qui font avancer l'action. Lesquelles ?

Des effets comiques

4 Quel type de comique représente Mercutio ? Donnez-en quelques exemples. En quoi son langage est-il tantôt vulgaire tantôt littéraire ? En quoi cette remarque permet-elle d'enrichir l'analyse du personnage ?

5 Pour quelle raison la nourrice est-elle un personnage comique ? Qu'apporte-t-elle à l'atmosphère de la pièce ?

Un mariage secret scènes 5 et 6, p. 70 à 75

Avez-vous bien lu ?

Combien de temps la nourrice a-t-elle mis pour transmettre le message de Juliette à Roméo ?

❏ Une demi-heure.

❏ Trois heures.

❏ Une journée entière.

Une aussi longue attente

1 Quels types de phrase dominent dans les paroles que Juliette adresse à la nourrice ? Pourquoi ?

2 De quel procédé comique la nourrice use-t-elle pour répondre à Juliette ? Quel est l'effet produit ?

3 Quand la nourrice donne-t-elle les informations attendues ? Quelles sont-elles ?

Bonheur et crainte mêlés

4 Relevez les expressions qui expriment le bonheur des deux jeunes amoureux.

5 Ce bonheur est-il sans nuages ? Quel personnage essaie de mettre en garde Roméo et Juliette ?

Vers l'expression

Vocabulaire

1. Dans cet acte, vous avez découvert des expressions contenant des noms d'animaux comme l'oie (l. 420, p. 65), le hareng saur (l. 388, p. 64) ou le lièvre (l. 479, p. 67). Trouvez deux expressions contenant le mot *oie* définissant le comportement d'un être humain à l'aide d'une métaphore ou d'une comparaison.

2. Trouvez une expression contenant le mot *lièvre* et signifiant « suivre deux objectifs en même temps ». Trouvez trois titres de fables de La Fontaine contenant le mot *lièvre*.

À vous de jouer

Vous êtes metteur en scène.

Vous expliquez à deux de vos camarades qui jouent les personnages de Roméo et de Juliette ce qui fait la beauté de la « scène du balcon » et vous leur donnez des indications de jeu pour un passage précis qu'ils joueront devant la classe.

Faites une recherche par groupes.

1. Recherchez qui sont ces amoureux célèbres, quel est l'auteur qui les a inventés et résumez leur histoire : Didon et Énée ; Pâris et Hélène ; Pyrame et Thisbé ; Héro et Léandre.
2. Antoine et Cléopâtre sont des personnages historiques. Qui a écrit une tragédie dont ils sont les héros ?

Du texte à l'image

Observez la photographie → voir dossier images p. II

Eleanor Fortescue-Brickdale (1871-1945), *Adieu, un baiser et je descends*, huile sur toile (81,5x112 cm), collection privée.

1. Relisez la scène 2 de l'acte II et lisez les pages 102 et 103. Quelle scène évoque le tableau ?
2. Quel moment de la journée est représenté ? Quelle impression se dégage du paysage en arrière-plan ?
3. Quels sentiments exprime l'attitude des deux héros ?
4. Qui est aussi présent ? Dans quelle attitude ? Cette présence est-elle conforme au texte de Shakespeare ?
5. Relevez des détails pittoresques concernant les éléments d'architecture, le mobilier ou les vêtements. De quel courant artistique français peut-on rapprocher ce peintre ?

Roméo et Juliette, film de Carlo Carlei, 2013,
avec Ed Westwick (Tybalt), Douglas Booth (Roméo) et Christian Cooke (Mercutio).

Scène 1

Vérone.
La promenade du Cours près de la porte des Borsari.
Entrent Mercutio, Benvolio, un page et des valets.

Benvolio. – Je t'en prie, bon Mercutio, partons ; la journée est chaude ; les Capulet sont dehors, et, si nous les rencontrons, nous ne pourrons pas éviter une bagarre car, dans ces jours de chaleur, le sang s'échauffe vite.

Mercutio. – Tu m'as tout l'air d'un de ces gaillards qui, dès qu'ils entrent dans une taverne[1], flanquent leur épée sur la table en disant : « Dieu veuille que je n'en aie pas besoin ! » et qui, à peine bu le second verre, la dégainent contre le cabaretier sans qu'en réalité ce soit nécessaire.

Benvolio. – Moi ! Je ressemble à un de ces gaillards ?

Mercutio. – Allons, allons, tu as la tête aussi chaude que n'importe quel coquin d'Italie ; personne ne se met plus facilement en colère que toi et personne n'est plus d'humeur à s'emporter.

Benvolio. – Comment cela ?

Mercutio. – Oui, s'il existait deux êtres comme toi, nous n'en aurions bientôt plus qu'un seul, car l'un tuerait l'autre. Toi ! Mais tu te querelles avec un homme qui a au menton un poil de plus ou de moins que toi. Tu te querelles avec un homme qui casse des noix, au seul motif que tu as l'œil couleur noisette : il faut des yeux comme les tiens pour découvrir là une raison de se bagarrer. Ta tête est pleine de bagarres, comme l'œuf est plein du poussin, ce qui ne l'empêche pas d'être vide, comme l'œuf cassé, à force d'avoir été battue à chaque bagarre. Tu t'es bagarré avec un homme qui toussait dans la rue parce qu'il avait réveillé ton chien endormi au soleil. Un jour, ne t'es-tu pas fâché avec un tailleur parce qu'il portait un pourpoint[2]

1. Auberge.
2. Partie du vêtement masculin qui servait de chemise et de veste. En période de Carême, on ne portait pas de vêtements neufs.

neuf avant Pâques, et avec un autre parce qu'il attachait ses souliers neufs avec un vieux ruban ? Et maintenant tu me fais la leçon à propos de bagarres !

BENVOLIO. – Si j'étais aussi bagarreur que toi, je donnerais ma vie en héritage au premier acheteur qui m'assurerait une heure et quart d'existence.

MERCUTIO. – En héritage ! Voilà qui serait propre !

Entrent Tybalt, Petruchio et quelques partisans.

BENVOLIO. – Sur ma tête, voici les Capulet.

MERCUTIO. – Par mon talon, je ne m'en soucie pas.

TYBALT, *à ses amis.* – Suivez-moi de près, car je vais leur parler. *(À Mercutio et à Benvolio.)* Bonsoir, Messieurs : un mot à l'un de vous.

MERCUTIO. – Rien qu'un mot ? Associez-le à quelque chose : donnez un mot et un coup.

TYBALT. – Vous m'y trouverez assez disposé, monsieur, pour peu que vous m'en donniez l'occasion.

MERCUTIO. – Ne pourriez-vous pas saisir l'occasion sans qu'on vous la donne ?

TYBALT. – Mercutio, tu es de concert[1] avec Roméo…

MERCUTIO. – De concert ! Comment ! Nous prends-tu pour des ménestrels[2] ? Si tu fais de nous des ménestrels, prépare-toi à n'entendre que des fausses notes. *(Mettant la main sur son épée.)* Voici mon archet ; voici qui vous fera danser, sangdieu[3], de concert !

BENVOLIO. – Nous parlons ici dans un lieu public ; retirons-nous dans un endroit écarté pour parler froidement de nos querelles, ou séparons-nous. Ici tous les yeux sont fixés sur nous.

MERCUTIO. – Les yeux des hommes sont faits pour voir ; laissons-les se fixer sur nous : aucune volonté humaine ne me fera bouger, moi !

1. Tu es d'accord.
2. Musiciens et chanteurs ambulants.
3. Juron.

Tybalt, *à Mercutio.* – Allons, la paix soit avec vous, Monsieur ! *(Roméo entre.)* Voici mon homme.

Mercutio. – Je veux être pendu, Monsieur, s'il porte votre livrée. Par la Vierge, allez sur le terrain[4], il vous suivra ; c'est dans ce sens-là que vous pouvez l'appeler votre homme, Monsieur.

Tybalt. – Roméo, la haine que je te porte ne me fournit pas de meilleur mot que celui-ci : tu es un vaurien.

Roméo. – Tybalt, les raisons que j'ai de t'aimer me font excuser la rage qui éclate par un tel salut. Je ne suis pas un vaurien. Adieu : je vois que tu ne me connais pas. *(Il va pour sortir.)*

Tybalt. – Gamin, ceci ne saurait excuser les injures que tu m'as faites : tourne-toi donc, et en garde.

Roméo. – Je proteste que je ne t'ai jamais fait injure et que je t'aime d'une affection dont tu n'auras idée que le jour où tu en connaîtras les motifs. Ainsi, bon Capulet… (ce nom m'est aussi cher que le mien), sois satisfait.

Mercutio. – Ô froide, déshonorante, ignoble soumission ! Une estocade[5] pour réparer cela ! *(Il met l'épée à la main.)* Tybalt, chasseur de rats, veux-tu faire un tour ?

Tybalt. – Que veux-tu de moi ?

Mercutio. – Rien, bon roi des chats[6], rien qu'une de vos neuf vies ; celle-là, je veux m'en régaler, me réservant, selon ta conduite à mon égard, le droit de mettre en hachis les huit autres. Tire donc ton épée de son fourreau par les oreilles ; fais vite ou tes oreilles sentiront la mienne.

Tybalt, *l'épée à la main.* – Je suis à toi.

Roméo. – Noble Mercutio, remets ton épée au fourreau.

Mercutio, *à Tybalt.* – Voyons, Monsieur, votre meilleure passe[7] !

Ils se battent.

Roméo. – Dégaine, Benvolio, et abattons leurs armes. Honte, Messieurs, abstenez-vous de cet outrage[8] : Tybalt ! Mercutio !

Les neuf vies des chats

Cette légende a plusieurs origines. Dans l'Antiquité, les Égyptiens pensaient que les chats avaient neuf vies en les voyant retomber sur leurs pattes après des chutes vertigineuses. Selon une légende hindoue, un chat aurait dit à la déesse Shiva qu'il pouvait compter jusqu'à l'infini. Or, il compta jusqu'à neuf et… s'endormit ! La déesse, considérant le sommeil comme une forme d'infini, lui accorda neuf vies.

4. Entraînez-le dans un duel.
5. Un duel.
6. Voir note 1 p. 64.
7. Passe d'armes qui consiste à avancer sur l'adversaire l'épée à la main.
8. Offense faite à l'honneur.

Le Prince a expressément interdit les duels dans les rues de Vérone. Arrête, Tybalt ! Cher Mercutio ! *(Roméo étend son épée entre les combattants. Tybalt atteint Mercutio par-dessous le bras de Roméo et s'enfuit avec ses partisans.)*

MERCUTIO. – Je suis blessé… Malédiction sur vos deux maisons ! Je suis achevé… Il est parti et il n'a rien ? *(Il chancelle.)*

BENVOLIO, *soutenant Mercutio.* – Quoi, tu es blessé ?

MERCUTIO. – Oui, oui, une égratignure, une égratignure, mais, par la Vierge, bien suffisante… Où est mon page[1] ? Maraud[2], va me chercher un chirurgien.

Le page sort.

ROMÉO. – Courage, ami : la blessure ne peut être sérieuse.

MERCUTIO. – Non, elle n'est pas aussi profonde qu'un puits, ni aussi large qu'une porte d'église ; mais elle est suffisante, elle fera l'affaire : demande à me voir demain, et, quand tu me retrouveras, j'aurai le sérieux[3] que donne le tombeau[4]. Je suis poivré[5], je te le garantis, assez pour ce bas monde… Malédiction sur vos deux maisons !… Moi, un homme, être égratigné à mort par un chien, un rat, une souris, un chat ! Par un fanfaron, un fripon, un vaurien qui se bat en suivant un livre d'arithmétique ! *(À Roméo.)* Pourquoi diable t'es-tu mis entre nous ? J'ai reçu le coup par-dessous ton bras.

ROMÉO. – J'ai cru faire pour le mieux.

MERCUTIO. – Aide-moi jusqu'à une maison, Benvolio, ou je vais m'évanouir… Malédiction sur vos deux maisons ! Elles ont fait de moi de la viande pour les vers… Oh ! J'ai eu mon compte, et bien à fond… Vos maisons !

Mercutio sort, soutenu par Benvolio.

ROMÉO, *seul.* – Donc ce gentilhomme, proche parent du Prince, mon ami intime, a reçu un coup mortel à cause de moi, après

1. Serviteur.
2. Vaurien.
3. Jeu de mot sur *grave* qui, en anglais, signifie « le tombeau » et « sérieux ».
4. Le cercueil.
5. *To pepper* signifie en anglais « poivrer » et « être gravement blessé ».

l'affront fait à ma réputation par Tybalt, Tybalt qui depuis une heure est mon cousin… Ô ma douce Juliette, ta beauté a amolli l'acier de mon courage.

Rentre Benvolio.

BENVOLIO. – Ô Roméo, Roméo ! Le brave Mercutio est mort. Ce vaillant[6] esprit a rejoint les nuages, trop tôt dégoûté de cette terre.

ROMÉO. – Ce jour fera peser sur les jours à venir sa sombre fatalité ; les malheurs commencent, d'autres jours les finiront.

Rentre Tybalt.

BENVOLIO. – Voici le furieux Tybalt qui revient.

ROMÉO. – Vivant ! Triomphant ! Et Mercutio tué ! Remonte au ciel, charitable indulgence, et toi, furie à l'œil de flamme, guide-moi maintenant. Ah ! Tybalt, retire ce nom de vaurien que tu m'as donné tout à l'heure car l'âme de Mercutio est encore proche de nos têtes ; elle attend que la tienne vienne lui tenir compagnie. Il faut que toi ou moi, ou tous deux, nous allions le rejoindre.

TYBALT. – Misérable gamin, tu étais son camarade ; c'est toi qui partiras avec lui.

ROMÉO, *mettant l'épée à la main.* — Voici qui en décidera.

Ils se battent. Tybalt tombe.

BENVOLIO. – Fuis, Roméo, va-t'en ! Les citoyens s'attroupent et Tybalt est tué… Ne reste pas là stupéfait. Le Prince va te condamner à mort, si tu es pris. Hors d'ici ! Va-t'en ! Fuis !

ROMÉO. – Oh ! Je suis le bouffon[7] de la fortune[8].

BENVOLIO. – Qu'attends-tu donc ?

Roméo s'enfuit. Entre une foule de citoyens armés.

6. Courageux.
7. Le jouet.
8. Du destin.

PREMIER CITOYEN. – Par où s'est enfui celui qui a tué Mercutio ? Tybalt, ce meurtrier, par où s'est-il enfui ?

BENVOLIO. – Tybalt est mort !

PREMIER CITOYEN. – Debout, Monsieur, suivez-moi : je vous ordonne de m'obéir au nom du Prince.

Entrent le Prince et sa suite, Montaigu, Capulet, lady Montaigu, lady Capulet et d'autres.

LE PRINCE. – Où sont ceux qui ont lâchement provoqué cette bagarre ?

BENVOLIO. – Ô noble Prince, je puis vous révéler toutes les circonstances douloureuses de cette bagarre mortelle. *(Montrant le corps de Tybalt.)* Voici l'homme, tué par le jeune Roméo, après avoir tué votre parent, le jeune Mercutio.

LADY CAPULET, *se penchant sur le corps.* – Tybalt, mon neveu !.... Oh ! L'enfant de mon frère ! Oh ! Prince !... Oh ! Mon neveu !... mon mari ! Le sang de notre cher parent a coulé. Prince, si vous êtes juste, versez le sang des Montaigu pour venger notre sang. Oh ! Mon neveu ! Mon neveu !

LE PRINCE. – Benvolio, qui a commencé cette rixe[1] ?

BENVOLIO. – Tybalt, que Roméo a tué. En vain Roméo lui parlait gentiment, en vain il lui disait de réfléchir au peu d'importance de la querelle, et en vain il le mettait en garde contre votre colère. Tout cela, il l'a dit d'une voix aimable, d'un air calme, avec l'humilité d'un suppliant agenouillé, mais il n'a pu calmer la fureur indomptable de Tybalt, qui, sourd aux paroles de paix, a brandi la pointe de son épée contre la poitrine de l'intrépide Mercutio. Mercutio, tout aussi furieux, oppose le fer au fer dans un duel à mort. Avec un dédain martial[2], il écarte d'une main la froide mort et de l'autre la retourne contre Tybalt qui la lui renvoie habilement ; Roméo leur crie : « Arrêtez, amis ! Amis, séparez-vous ! » Et, d'un

1. Bagarre.
2. Mépris plein de haine.

geste plus rapide que sa parole, il abaisse les lames fatales. Au moment où il s'élance entre eux, une botte[3] perfide de Tybalt passe sous son bras et frappe mortellement le fougueux Mercutio. Tybalt s'enfuit alors, puis tout à coup revient sur Roméo, qui à cet instant n'écoute plus que la vengeance. Leur lutte n'a duré que le temps d'un éclair car, avant que j'aie pu dégainer pour les séparer, le fougueux Tybalt était tué. En le voyant tomber, Roméo s'est enfui. C'est la vérité ou bien faites mourir Benvolio.

LADY CAPULET, *désignant Benvolio.* – Il est parent des Montaigu ; l'affection le fait mentir, il ne dit pas la vérité. Une vingtaine d'entre eux se sont unis dans cette lutte criminelle, et il a fallu qu'ils soient vingt pour tuer un seul homme ! Je demande justice, faites-nous justice, Prince. Roméo a tué Tybalt ; Roméo ne doit plus vivre.

LE PRINCE. – Roméo a tué Tybalt, mais Tybalt a tué Mercutio ; qui maintenant paiera le prix d'un sang si cher ?

MONTAIGU. – Ce ne doit pas être Roméo, Prince, il était l'ami de Mercutio. Sa faute ne fait que finir ce que la loi aurait tranché[4], la vie de Tybalt.

LE PRINCE. – Pour cette offense, nous l'exilons immédiatement. Je suis victime de vos haines ; du sang coule pour vos brutales disputes ; mais je vous imposerai une si forte amende que vous vous repentirez tous du malheur dont je souffre. Je serai sourd aux plaidoyers[5] et aux excuses ; ni larmes ni prières ne rachèteront vos torts ; elles sont donc inutiles. Que Roméo se dépêche de partir ; si on le trouve ici, ce sera sa dernière heure. Emportez ce corps et obéissez à notre volonté. La pitié est un crime si elle pardonne à ceux qui tuent.

Ils sortent.

3. Mouvement d'épée.
4. Dans un procès, Tybalt aurait été condamné à mort pour l'assassinat de Mercutio.
5. Discours pour défendre un accusé.

Scène 2

Le jardin de Capulet.
Entre Juliette.

JULIETTE. – Galopez vite, coursiers aux pieds de feu[1], vers le logis de Phébus[2] ; un cocher comme Phaéton vous précipiterait vers l'ouest et amènerait la nuit nuageuse. Étends ton épais rideau, nuit consacrée à l'amour, que les yeux du soleil se ferment et que Roméo bondisse dans mes bras, ni vu ni connu. Pour accomplir leurs amoureux devoirs, la seule lueur de leur beauté suffit aux amants ; et, si l'amour est aveugle, il s'accorde d'autant mieux avec la nuit. Viens, aimable nuit, matrone[3] au sobre vêtement noir, apprends-moi à perdre, en la gagnant, cette partie qui aura pour enjeu deux virginités sans tache. Cache avec ton manteau noir le sang virginal qui bat dans mes joues, jusqu'à ce que le timide amour s'enhardisse et ne voie plus que pureté dans l'acte d'amour. À moi, nuit ! Viens, Roméo, viens, mon jour dans la nuit quand tu arriveras sur les ailes de la nuit, plus éclatant que la neige nouvelle sur le dos d'un corbeau. Viens, douce nuit, viens, chère nuit au front noir. Donne-moi mon Roméo, et, quand il mourra, prends-le et coupe-le en petites étoiles ; il rendra la face du ciel si belle que tout l'univers sera amoureux de la nuit et refusera d'adorer l'aveuglant soleil. Oh ! J'ai acheté un domaine d'amour mais je n'en ai pas pris possession, et celui qui m'a acquise n'a pas encore joui de moi. Ennuyeuse journée, lente comme la nuit qui précède une fête pour l'impatiente enfant qui a une robe neuve et ne peut la mettre encore ! Voici ma nourrice…

Entre la nourrice, avec une échelle de corde.

Phaéton

Phaéton est le fils d'Apollon (Phébus), le dieu du Soeil. Il demanda à son père la permission de conduire dans le ciel son char fabuleux. Dirigé par les mains inexpérimentées du jeune homme, l'équipage faillit détruire la voûte des cieux et brûla les montagnes et les plaines de la terre. Pour le punir, Zeus foudroya Phaéton. Celui-ci est le symbole de l'*hybris*, cet orgueil démesuré qui conduit à la mort celui qui en est atteint.

1. Il s'agit des chevaux qui tirent le char du Soleil.
2. Autre nom d'Apollon, dieu du soleil, dans la mythologie romaine.
3. Mère de famille imposante et grave.

Juliette. – Elle m'apporte des nouvelles ; chaque bouche qui me parle de Roméo, me parle une langue bénie. Eh bien, nourrice, quoi de nouveau ? Qu'as-tu là ? L'échelle de corde que Roméo t'a dit de prendre ?

La nourrice. – Oui, oui, l'échelle de corde. *(Elle laisse tomber l'échelle avec un geste de désespoir.)*

Juliette. – Mon Dieu ! Que se passe-t-il ? Pourquoi te tordre ainsi les mains ?

La nourrice. – Ah ! Miséricorde ! Il est mort, il est mort, il est mort ! Nous sommes perdues, Madame, nous sommes perdues ! Hélas ! Quel jour ! C'en est fini de lui, il est tué, il est mort !

Juliette. – Le Ciel peut-il être aussi cruel ?

La nourrice. – Roméo l'a pu, sinon le Ciel… Ô Roméo ! Roméo ! Qui l'aurait jamais cru ? Roméo !

Juliette. – Quel démon es-tu pour me torturer ainsi ? C'est un supplice à faire rugir les damnés[4] de l'horrible enfer. Roméo s'est-il tué ? Dis-moi « oui » seulement, et ce simple « oui » m'empoisonnera plus vite que le regard meurtrier du basilic. Je ne suis plus moi-même si j'entends ce « oui ». Est-il mort ? Dis « oui » ou « non », et qu'un seul mot décide de mon bonheur ou de mon malheur.

La nourrice. – J'ai vu la blessure, je l'ai vue de mes yeux. Par la croix du Sauveur, là, sur sa poitrine. Un triste cadavre, un triste cadavre ensanglanté, pâle, pâle comme la cendre, tout couvert de sang, de sang coagulé. À le voir, je me suis évanouie.

Juliette. – Oh ! Brise-toi, mon cœur, brise-toi ! En prison, mes yeux ! Fermez-vous à la lumière ! Terre vile, cesse de te mouvoir, et qu'un même tombeau pèse sur Roméo et toi.

Le basilic

Ce monstre serait né du sang qui coula de la tête tranchée de Méduse. Les Anciens lui attribuaient le pouvoir de tuer par son seul regard. Après les plantes vénéneuses évoquées par Frère Laurent, voici une autre allusion au poison.

4. Condamnés.

La nourrice. – Ô Tybalt, Tybalt, le meilleur ami que j'avais ! Ô courtois Tybalt ! Honnête gentilhomme ! Pourquoi avoir vécu pour te voir mort ?

Juliette. – Quel est cet ouragan dont les rafales se heurtent ? Roméo est-il tué et Tybalt est-il mort ? Mon cher cousin, et mon mari plus cher encore ! Alors, que sonne la trompette terrible du Jugement dernier car qui donc est vivant si ces deux-là sont morts ?

La nourrice. – Tybalt n'est plus, et Roméo banni[1] ! Roméo, qui l'a tué, est banni.

Juliette. – Ô mon Dieu ! La main de Roméo a-t-elle versé le sang de Tybalt ?

La nourrice. – Oui, oui, hélas ! Oui.

Juliette. – Ô cœur de serpent caché sous la beauté en fleur ! Jamais dragon a-t-il occupé une caverne si splendide ! Gracieux amant ! Démon angélique ! Corbeau aux plumes de colombe ! Agneau ravisseur de loups ! Méprisable substance d'une forme divine[2] ! Parfait contraire de ce que tu sembles être, saint damné, noble misérable ! Ô nature, à quoi réservais-tu l'enfer quand tu plaças l'esprit d'un démon dans le paradis mortel d'un corps si exquis ? Jamais livre au contenu aussi ignoble eut une reliure aussi belle. Dire que la tromperie habite dans un si magnifique palais !

La nourrice. – Impossible de se fier[3] aux hommes qui n'ont ni foi, ni honneur. Ce sont tous des parjures, tous des traîtres, tous des vauriens, tous des hypocrites… Ah ! Où est le valet ? Vite, donne-moi de l'eau-de-vie ! Ces chagrins, ces malheurs, ces peines me font vieillir. Honte à Roméo !

Juliette. – Que ta langue se couvre de cloques après un pareil souhait ! Il n'est pas né pour la honte. La honte aurait honte de siéger sur son front, car c'est un trône où l'honneur, monarque

1. Chassé de Vérone sur ordre du Prince.
2. Être méprisable caché sous une magnique apparence.
3. D'avoir confiance.

absolu de l'univers, est couronné. Quel monstre j'étais de le blâmer[4] !

La nourrice. – Direz-vous du bien de celui qui a tué votre cousin ?

Juliette. – Dois-je dire du mal de celui qui est mon mari ? Mon pauvre seigneur, qui chantera ta réputation, quand moi, ta femme depuis trois heures, je l'ai déjà mise en pièces ? Mais pourquoi, méchant, as-tu tué mon cousin ? C'est que, sans cela, ce méchant cousin aurait tué mon Roméo. Arrière, larmes folles, retournez à votre source, le tribut[5] que par erreur vous offrez à la joie n'appartient qu'au malheur[6]. Mon mari, que Tybalt voulait tuer, est vivant ; et Tybalt, qui voulait tuer mon mari, est mort. Tout cela est heureux : pourquoi donc pleurer ?… Ah ! Il y a un mot, plus terrible que la mort de Tybalt, qui m'a assassinée. Je voudrais bien l'oublier, mais, hélas ! il pèse sur ma mémoire comme une faute mortelle sur l'âme du pécheur[7]. « Tybalt est mort » et « Roméo est… banni ». Banni ! Ce seul mot « banni » a tué pour moi dix mille Tybalt. La mort de Tybalt était un malheur suffisant, si le malheur s'était arrêté là. Si même le malheur inexorable[8] aime la compagnie, s'il a besoin d'être escorté par d'autres catastrophes, pourquoi, après m'avoir dit : « Tybalt est mort », n'a-t-elle pas ajouté : « Ton père aussi » ou « Ta mère aussi », ou même « Ton père et ta mère aussi » ? Cela aurait provoqué les lamentations de circonstance. Mais, faire suivre la mort de Tybalt par : « Roméo est banni », prononcer ces seuls mots, c'est tuer, c'est faire mourir à la fois père, mère, Tybalt, Roméo et Juliette. « Roméo est banni » ! Il n'y a ni fin, ni limite, ni mesure, ni borne à ce mot qui tue. Il n'y a pas de cri pour rendre cette douleur-là. Où sont mon père et ma mère, nourrice ?

4. Lui faire des reproches.
5. Prix à payer.
6. Les larmes sont réservées au malheur et Juliette ne doit pas pleurer de joie en apprenant que Roméo est sain et sauf.
7. Celui qui commet une faute.
8. Impitoyable.

La nourrice. – Ils pleurent et sanglotent sur le corps de Tybalt. Voulez-vous les rejoindre ? Je vous y conduirai.

Juliette. – Ils lavent ses blessures de leurs larmes. Quand les leurs seront séchées, je réserve les miennes pour le bannissement de Roméo. Ramasse ces cordes. Pauvre échelle, te voilà déçue comme moi car Roméo est exilé. Il avait fait un chemin jusqu'à mon lit ; mais, restée vierge, il faut que je meure dans un virginal veuvage. À moi, cordes ! À moi, nourrice ! Je vais à mon lit de noces et c'est le tombeau, et non Roméo, qui prendra ma virginité.

La nourrice. – Courez à votre chambre ; je vais trouver Roméo pour qu'il vous console. Je sais très bien où il est. Votre Roméo sera ici cette nuit ; je vais à lui ; il est caché dans la cellule de Frère Laurent.

Juliette, *ôtant une bague de son doigt.* – Trouve-le ! Donne cet anneau à mon fidèle chevalier, et dis-lui de venir me faire ses derniers adieux.

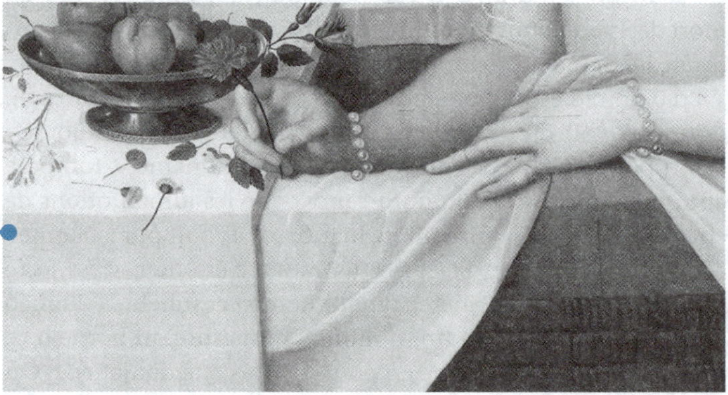

Gabrielle d'Estrée au bain (détail), huile sur toile (115 x 103 cm), XVIe siècle, musée Condé, Chantilly.

La cellule de Frère Laurent.
Entrent Frère Laurent, puis Roméo. Le jour baisse.

Frère Laurent. – Viens, Roméo ; viens, homme empli de crainte ; le chagrin t'aime et tu es marié au malheur.

Roméo. – Quoi de nouveau, mon père ? Quel est le jugement du Prince ? Quel malheur inconnu brûle de me frapper ?

Frère Laurent. – Tu connais trop bien cette amère compagnie, mon cher fils. Je viens t'apprendre la décision du Prince.

Roméo. – Peut-il prononcer un jugement plus doux qu'un arrêt de mort ?

Frère Laurent. – Un jugement moins rigoureux s'est échappé de ses lèvres ; il a décidé, non la mort, mais le bannissement.

Roméo. – Le bannissement ! Par pitié, dis « mort » ! L'exil est plus terrible, bien plus terrible que la mort. Ne dis pas « bannissement » !

Frère Laurent. – Tu es désormais banni de Vérone. Prends courage ; le monde est grand et vaste.

Roméo. – Hors des murs de Vérone, le monde n'existe pas ; il n'y a que purgatoire, torture, enfer même. Être banni d'ici, c'est être banni du monde et cet exil-là, c'est la mort. Donc le bannissement, c'est la mort sous un faux nom. En appelant la mort « bannissement », tu me tranches la tête avec une hache d'or, et tu souris au coup qui me tue.

Frère Laurent. – Ô péché mortel ! Ô grossière ingratitude ! Selon notre loi, ta faute méritait la mort ; mais le bon prince, prenant ton parti, a balayé la loi et il a changé ce mot sombre, « mort » en bannissement. C'est une grâce inespérée et tu ne le vois pas.

ROMÉO. – C'est une torture, et non une grâce ! Le ciel est là où vit Juliette : un chat, un chien, une petite souris, les créatures les plus immondes vivent au paradis si elles la voient, mais Roméo ne le peut pas. La mouche du charnier[1] a plus de privilège, d'honneur, de faveur que Roméo ; elle peut saisir la blanche merveille de la chère main de Juliette et dérober un bonheur éternel sur ses lèvres qui, chastes[2] et pures, rougissent sans cesse, comme d'un péché, du baiser qu'elles se donnent. Mais Roméo ne le peut pas, il est exilé. Ce bonheur qu'une mouche peut avoir, je dois le fuir, moi ; elle est libre, mais je suis banni. Et tu dis que l'exil n'est pas la mort ? N'as-tu pas un poison subtil, un couteau bien aiguisé, un moyen efficace de mort subite, pour me tuer autrement que par ce mot « banni » ? Ce mot-là, mon père, les damnés l'emploient en enfer et le prononcent dans des hurlements. Comment as-tu le courage, toi, prêtre, toi, confesseur des âmes, toi qui remets[3] les péchés et te dis mon ami, de me déchirer avec ce mot « banni » ?

FRÈRE LAURENT. – Fou d'amour, écoute ces quelques mots.

ROMÉO. – Oh ! Tu vas encore me parler de bannissement.

FRÈRE LAURENT. – Je vais te donner une armure pour te protéger de ce mot. La philosophie, ce doux lait contre le malheur, te soutiendra dans ton bannissement.

ROMÉO. – Encore le bannissement ? Au gibet[4], la philosophie ! Si la philosophie ne peut pas créer une Juliette, déplacer une ville, casser l'arrêt d'un prince, elle ne sert à rien, elle n'est bonne à rien. Ne m'en parle plus.

FRÈRE LAURENT. – Oh, je le vois bien, les fous n'ont pas d'oreilles.

ROMÉO. – Comment en auraient-ils, quand les sages n'ont pas d'yeux ?

FRÈRE LAURENT. – Parlons de ta situation.

1. Lieu où l'on entasse des cadavres.
2. Innocentes.
3. Pardonnes les péchés au nom du Christ en confession.
4. À la potence pour être pendue.

→ Du texte à l'image p. 49

Le bal

Roméo et Juliette, film de Carlo Carlei, 2013
avec Hailee Steinfeld et Douglas Booth.

→ Du texte à l'image p. 81

Le balcon

Eleanor Fortescue-Brickdale (1871-1945), *Adieu, un baiser et je descends*, huile sur toile (81,5x112 cm), collection privée.

→ Du texte à l'image p. 115

Le combat

West Side Story, film de Robert Wise, 1961.

→ Du texte à l'image p. 159

La mort de Roméo

Roméo et Juliette, ballet d'après William Shakespeare,
chorégraphie de Rudolf Noureev
avec Nicolas Le Riche et Fanny Gaida.

Roméo. – Tu ne peux pas parler de sentiments que tu n'éprouves pas. Si tu étais jeune comme moi et que Juliette soit ta bien-aimée, si, marié depuis une heure, tu avais tué Tybalt, si tu étais amoureux comme moi et comme moi banni, alors tu pourrais parler, alors tu pourrais t'arracher les cheveux et te jeter à terre, comme je le fais en ce moment, pour prendre d'avance les mesures d'une tombe à creuser. *(Il s'affaisse à terre. On frappe à la porte.)*

Frère Laurent. – Lève-toi, on frappe... Mon bon Roméo, cache-toi.

Roméo. – Non, à moins que mes gémissements ne fassent autour de moi un nuage qui me dérobe aux regards. *(On frappe encore.)*

Frère Laurent. – Entends-tu comme on frappe ? Qui est là ?... Roméo, lève-toi, tu vas être pris. Attendez un moment... Debout. Cours à mon cabinet[5]... *(On frappe.)* Un moment ! Mon Dieu, quelle folie !.... *(On frappe.)* J'arrive, j'arrive. *(Allant à la porte.)* Qui frappe si fort ? D'où venez-vous ? Que voulez-vous ?

La nourrice, *du dehors.* – Laissez-moi entrer et vous connaîtrez mon message. Je viens de la part de madame Juliette.

Frère Laurent, *ouvrant.* – Alors, soyez la bienvenue.

Entre la nourrice.

La nourrice. – Dites-moi, saint moine, où est l'époux de madame ? Où est Roméo ?

Frère Laurent. – Là, par terre, ivre de ses propres larmes.

La nourrice. – Dans le même état que ma maîtresse, exactement dans le même état !

Frère Laurent. – Ô triste sympathie[6], lamentable situation !

La nourrice. – Comme lui, elle est accablée, sanglotant et pleurant, pleurant et sanglotant. *(Se penchant sur Roméo.)* Debout, debout. Levez-vous, si vous êtes un homme. Au nom de Juliette,

5. Ma chambre.
6. Communion de sentiments.

au nom de Juliette, levez-vous ! Pourquoi tomber dans un si profond désespoir ?

ROMÉO, *se redressant comme en sursaut.* – La nourrice !

FRÈRE LAURENT. – Monsieur, ah ! Monsieur, la mort est la fin de tout.

ROMÉO. – Parlais-tu de Juliette ? Comment va-t-elle ? Ne me considère-t-elle pas comme un assassin endurci, maintenant que j'ai souillé notre jeune bonheur d'un sang de la même famille que le sien ? Où est-elle, comment est-elle et que dit ma secrète épouse de notre amour détruit ?

LA NOURRICE. – Elle ne dit rien, Monsieur, mais elle pleure, elle pleure ; elle se jette sur son lit, puis elle se redresse et appelle Tybalt, puis elle crie : « Roméo », puis elle retombe.

ROMÉO. – Ce nom l'assassine, comme la main maudite qui porte ce nom a assassiné son cousin. Dis-moi, prêtre, dis-moi dans quelle misérable partie de ce corps loge mon nom ? Dis-le-moi, pour que je saccage cette détestable demeure. *(Il tire son poignard comme pour s'en frapper ; la nourrice le lui arrache.)*

FRÈRE LAURENT. – Retiens ta main désespérée. Es-tu un homme ? Ton apparence crie que tu en es un, mais tes larmes sont celles d'une femme et tes actes violents ressemblent à la fureur déraisonnable d'une bête. Ô femme étrange qui ressemble à un homme, bête monstrueuse à la fois homme et femme, tu m'as stupéfait. Par mon saint ordre[1], je croyais ton caractère mieux trempé[2]. Tu as tué Tybalt et tu veux te tuer ? Tu veux tuer la femme qui ne respire que par toi, en retournant contre toi-même une haine damnée ? Pourquoi t'en prends-tu à la vie, au ciel et à la terre ? La vie, le ciel et la terre se sont tous trois unis en toi et tu veux renoncer à eux trois ? Honte ! Honte ! Tu fais honte à ta beauté, à ton amour, à ton esprit. Comme un usurier[3], tu es riche de tous les biens et tu n'en fais pas

1. L'ordre monastique auquel appartient Frère Laurent.
2. Plus résistant, fort.
3. Prêteur sur gage réputé cupide et avare.

un bon usage qui ferait honneur à ta beauté, à ton amour, à ton esprit. Ta noble beauté n'est qu'une apparence, éloignée de ce qui fait la valeur d'un homme ; ton amour, ce tendre engagement, n'est qu'un serment creux et trompeur qui tue celle que tu avais fait vœu de chérir ; ton esprit, cet ornement de la beauté et de l'amour, est chez toi le guide égaré de l'un et de l'autre : comme la poudre dans le sac d'un soldat maladroit, il prend feu par ta propre ignorance et te mutile au lieu de te défendre. Allons, homme, relève-toi ! Ta Juliette vit, cette chère Juliette pour qui tu voulais mourir tout à l'heure : n'es-tu pas heureux ? Tybalt voulait t'égorger, mais tu as tué Tybalt : n'es-tu pas heureux ? La loi qui te menaçait de mort devient ton amie et change la sentence en exil : n'es-tu pas heureux ? Les bénédictions pleuvent sur ta tête, la chance te courtise[4] sous ses plus beaux atours[5], mais toi, boudeur comme une fille mal élevée, tu fais la grimace au bonheur et à l'amour. Prends garde, prends garde, c'est ainsi qu'on meurt misérable. Allons, va retrouver ta bien-aimée, comme convenu. Monte dans sa chambre et console-la, mais surtout quitte-la avant la fin de la nuit, car sinon tu ne pourrais plus rejoindre Mantoue[6]. C'est là que tu vivras jusqu'à ce que nous trouvions le moment favorable pour proclamer ton mariage, réconcilier vos familles, obtenir le pardon du Prince et te rappeler ici. Tu reviendras alors un million de fois plus heureux que tu n'auras été désespéré au départ. Pars devant, nourrice, recommande-moi à ta maîtresse et dis-lui de faire coucher toute sa maison de bonne heure ; le chagrin qui les accable tous les disposera vite au repos… Roméo te suit.

LA NOURRICE. – Seigneur Dieu ! Je pourrais rester ici toute la nuit à écouter vos bons conseils. Oh ! ce que c'est que la science !

4. Fait la cour.
5. Habits.
6. Ville du nord de l'Italie. Placée sous la juridiction des ducs de Gonzague, elle échappe aux décrets du Prince de Vérone.

(À Roméo.) Monseigneur, je vais annoncer à ma maîtresse que vous allez venir.

Roméo. – Fais-le et dis à ma bien-aimée de se préparer à me gronder.

La nourrice, *lui remettant une bague.* – Voici, Monsieur un anneau qu'elle m'a dit de vous donner. Monsieur, accourez vite, dépêchez-vous car il se fait tard. *(La nourrice sort.)*

Roméo, *mettant la bague.* – Comme ceci ranime mon courage !

Frère Laurent. – Pars. Bonne nuit. Mais fais attention à ma recommandation car ton sort en dépend. Quitte Vérone avant la fin de la nuit, ou éloigne-toi à la pointe du jour sous un déguisement. Va à Mantoue. Je trouverai ton serviteur et il t'informera de temps à autre des incidents heureux qui arriveront ici pour toi. Donne-moi ta main, il est tard. Adieu, bonne nuit.

Roméo. – Si une joie au-dessus de toute joie ne m'appelait ailleurs, j'aurais un vif chagrin à me séparer de toi si vite. Adieu.

Ils sortent.

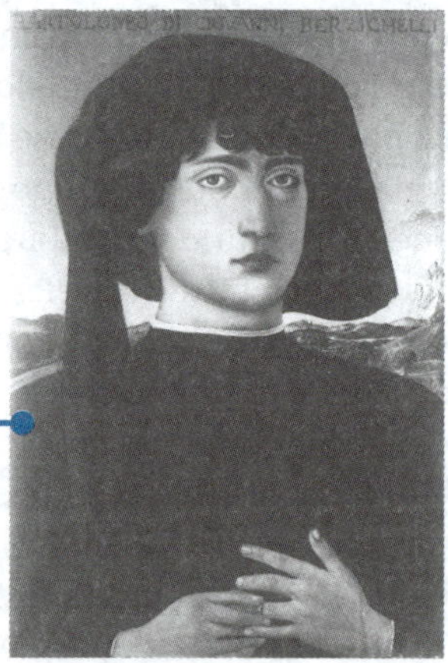

Portrait d'homme, école de la Haute Italie, XVe siècle, musée du Louvre, Paris.

Scène 4

Dans la maison de Capulet.
Entrent Capulet, lady Capulet et Pâris.

Capulet. – Les choses ont tourné si mal, monsieur, que nous n'avons pas eu le temps de convaincre notre fille. Voyez-vous, elle aimait tendrement son cousin Tybalt, et moi aussi. Mais quoi ! Nous sommes nés pour mourir. Il est très tard, elle ne descendra pas ce soir. Je vous assure que, sans votre compagnie, je serais au lit depuis une heure.

Pâris. – Quand la mort parle, ce n'est pas le moment de faire parler l'amour. Madame, bonne nuit, présentez mes hommages à votre fille.

Lady Capulet. – Bien sûr, et demain de bonne heure je connaîtrai ses pensées. Ce soir, elle est enfermée dans sa douleur.

Capulet. – Seigneur Pâris, je prends le risque de vous offrir l'amour de ma fille ; je pense qu'elle m'obéira en tous points ; bien plus, je n'en doute pas. Femme, allez la voir avant d'aller au lit. Apprenez-lui l'amour de mon fils[1] Pâris, et dites-lui, écoutez bien, que mercredi prochain… Mais doucement, quel jour est-on ?

Pâris. – Lundi, Monseigneur.

Capulet. – Lundi ? Hé ! hé ! Alors, mercredi est trop tôt. Ce sera pour jeudi… Dites-lui que jeudi elle sera mariée à ce noble comte. Serez-vous prêt ? Cette hâte vous convient-elle ? Nous ne ferons pas grande cérémonie, un ami ou deux, car voyez-vous, si nous faisions de grandes réjouissances alors que le meurtre de Tybalt est aussi récent, on pourrait croire que nous nous soucions fort peu de notre parent. Par conséquent, nous

1. Terme d'affection qui montre que Capulet l'aime comme un fils.

aurons une demi-douzaine d'amis et ce sera tout. Mais que dites-vous de jeudi ?

Pâris. – Monseigneur, je voudrais que jeudi soit demain.

Capulet. – Bon, partez. Ce sera pour jeudi, alors. Vous, ma femme, allez voir Juliette avant d'aller au lit et préparez-la à son mariage. Adieu, Monseigneur. Qu'on m'éclaire jusqu'à ma chambre ! Ma foi, il est déjà si tard qu'on pourrait presque dire qu'il est tôt. Bonne nuit.

Ils sortent.

Scène 5

La chambre à coucher de Juliette.
Entrent Roméo et Juliette.

Juliette. – Veux-tu partir ? Ce n'est pas encore le jour : c'était le rossignol, et non l'alouette[1], qui perçait le creux de ton oreille inquiète. Toutes les nuits il chante sur le grenadier[2] là-bas. Crois-moi, mon amour, c'était le rossignol.

Roméo. – C'était l'alouette, la messagère du matin, et non le rossignol. Regarde, amour, ces lueurs envieuses qui dentellent[3] le bord des nuages à l'orient. Les flambeaux de la nuit sont éteints, et le jour joyeux s'avance sur la pointe des pieds au sommet brumeux de la montagne. Je dois partir et vivre, ou rester et mourir.

Juliette. – Cette clarté là-bas n'est pas la clarté du jour, je le sais bien, moi ; c'est un météore que produit le soleil pour te servir de torche cette nuit et éclairer ta marche vers Mantoue. Reste, tu n'as pas encore besoin de partir.

Roméo. – Qu'on me prenne, qu'on me mette à mort, je suis content, si tu le veux ainsi. Non, cette lueur grise n'est pas

1. Le rossignol chante la nuit car son chant sert à attirer les femelles. Le chant de l'alouette est associé au lever du jour.
2. Arbre à fleurs rouges dont le fruit est la grenade.
3. Bordent comme d'une dentelle.

le regard du matin, elle n'est que le pâle reflet du front de Cynthia ; ce n'est pas l'alouette qui frappe de notes aiguës la voûte du ciel au-dessus de nos têtes. J'ai davantage envie de rester que de partir. La mort peut venir, elle sera la bienvenue. Ainsi le veut Juliette. Comment vas-tu, mon âme ? Parlons, le jour n'est pas là.

JULIETTE. – Mais si, c'est le jour, c'est le jour ! Fuis, va-t'en, pars : c'est l'alouette qui chante faux et qui lance ces notes rauques et ces aigus déplaisants. On dit que l'alouette fait de doux accords ; c'est faux, car elle brise le nôtre. On dit que l'alouette et l'affreux crapaud ont échangé leurs yeux. Je voudrais qu'ils aient aussi échangé leurs voix, puisque cette voix nous arrache des bras l'un de l'autre et te chasse d'ici à son de trompes. Oh ! Pars maintenant. Il fait de plus en plus clair.

ROMÉO. – De plus en plus clair ? De plus en plus sombre est notre malheur.

Entre la nourrice.

LA NOURRICE. – Madame !

JULIETTE. – Nourrice !

LA NOURRICE. – Madame votre mère vient dans votre chambre. Le jour paraît ; soyez prudente, faites attention.

La nourrice sort.

JULIETTE. – Allons, fenêtre, laissez entrer le jour et sortir ma vie.

ROMÉO. – Adieu, adieu ! Un baiser, et je descends.

Ils s'embrassent. Roméo descend.

JULIETTE, *se penchant sur le balcon.* – Te voilà donc parti ? Amour, seigneur, époux, ami ! Je veux de tes nouvelles à chaque heure du jour car il y a tant de jours dans une minute. À ce compte-là, je serai bien vieille quand je reverrai mon Roméo.

Cynthia

Ce nom grec signifie « qui vient du Mont Kynthos », lieu de naissance d'Artémis et d'Apollon, sur l'île de Délos. Pendant la Renaissance et la période du baroque, il est utilisé au théâtre par Shakespeare, et en astronomie par Galilée, pour désigner la Lune.

Roméo. – Adieu. Je ne perdrai pas une occasion, mon amour, de t'envoyer un message.

Juliette. – Crois-tu que nous nous rejoindrons un jour ?

Roméo. – Je n'en doute pas ; et toutes ces douleurs seront un doux sujet de conversation dans nos moments à venir.

Juliette. – Ô Dieu ! J'ai dans l'âme un pressentiment fatal. Maintenant que tu es en bas, tu m'apparais comme un mort au fond d'une tombe. Ou mes yeux me trompent, ou tu es bien pâle.

Roméo. – Crois-moi, amour, tu me sembles bien pâle aussi. Le chagrin assoiffé boit notre sang. Adieu, adieu.

Roméo sort.

Juliette. – Ô fortune, fortune ! Tout le monde te dit changeante. Si tu es changeante, qu'as-tu à faire avec un homme renommé pour sa fidélité ? Fortune, sois changeante, car alors tu ne le retiendras pas longtemps, j'espère, et tu me le renverras.

Lady Capulet, *du dehors.* – Holà ! ma fille, es-tu levée ?

Juliette. – Qui m'appelle ? Est-ce madame ma mère ? S'est-elle couchée si tard, ou levée si tôt ? Quel étrange motif l'amène ?

Entre lady Capulet.

Lady Capulet. – Eh bien, comment vas-tu, Juliette ?

Juliette. – Je ne suis pas bien, Madame.

Lady Capulet. – Toujours à pleurer la mort de ton cousin ? Prétends-tu laver la poussière de la tombe avec tes larmes ? Même si tu y parvenais, tu ne le ferais pas revivre. Cesse donc : un chagrin raisonnable prouve l'affection, mais un chagrin excessif prouve toujours un manque de sagesse.

Juliette. – Laissez-moi pleurer encore une si grande perte.

Lady Capulet. – Tu sens vivement la perte, mais cela ne te rendra pas l'ami que tu pleures.

Juliette. – Je sens si vivement la perte de cet ami que je ne puis m'empêcher de le pleurer toujours.

Lady Capulet. – Crois-moi, ma fille, ce qui te fait pleurer, c'est moins sa mort que de savoir vivant le scélérat qui l'a tué.

Juliette. – Quel scélérat, Madame ?

Lady Capulet. – Eh bien, ce scélérat de Roméo !

Juliette. – Entre un scélérat et lui, il y a bien des milles[1] de distance. Que Dieu lui pardonne ! Moi, je lui pardonne de tout mon cœur ; et pourtant nul homme n'attriste mon cœur autant que lui.

Lady Capulet. – Parce qu'il vit, le traître !

Juliette. – Oui, Madame, et trop loin de mes bras. Que ne suis-je chargée de venger mon cousin !

Lady Capulet. – Nous obtiendrons vengeance, sois-en sûre. Alors ne pleure plus. Je préviendrai quelqu'un à Mantoue où vit maintenant ce vagabond, ce banni ; il lui donnera un petit verre de poison qui l'enverra vite tenir compagnie à Tybalt. Alors, j'espère que tu seras satisfaite.

Juliette. – Je ne serai vraiment satisfaite que quand je verrai Roméo. Mon pauvre cœur est torturé depuis la mort d'un tel parent. Madame, trouvez seulement un homme pour porter le poison ; moi, je le préparerai si bien, qu'après l'avoir pris, Roméo dormira vite en paix. Oh ! quelle horrible souffrance pour mon cœur de l'entendre nommer, sans pouvoir aller jusqu'à lui, pour assouvir l'amour que je portais à mon cousin sur le corps de son meurtrier !

Lady Capulet. – Trouve les moyens, toi ; moi, je trouverai l'homme. Maintenant, ma fille, je vais t'annoncer de joyeuses nouvelles.

Juliette. – La joie est la bienvenue quand elle est si nécessaire. Quelles sont ces nouvelles, Madame, je vous prie ?

1. Mesure de distance anglaise.

LADY CAPULET. – Eh bien, eh bien, mon enfant, tu as un excellent père. Pour te tirer de ton accablement, il a improvisé une journée de fête à laquelle tu ne t'attends pas et que je n'espérais guère.

JULIETTE. – Quel sera cet heureux jour, Madame ?

LADY CAPULET. – Jeudi prochain, mon enfant, de bon matin, un vaillant, jeune et noble gentilhomme, le comte Pâris, te mènera à l'église Saint-Pierre et aura le bonheur de faire de toi sa joyeuse épouse.

JULIETTE. – Par l'église de Saint-Pierre et par Saint Pierre lui-même, il ne fera pas de moi sa joyeuse épouse. Je m'étonne de cette hâte : ordonner ma noce, avant que celui qui doit être mon mari m'ait fait sa cour ! Je vous en prie, Madame, dites à mon seigneur et père que je ne veux pas me marier encore. Si jamais je me marie, je jure que ce sera plutôt à ce Roméo que je hais, vous le savez, qu'au comte Pâris. En voilà des nouvelles !

LADY CAPULET. – Voici ton père qui vient ; fais-lui toi-même ta réponse, et nous verrons comment il la prendra.

Entrent Capulet et la nourrice.

CAPULET, *regardant Juliette qui sanglote.* – Quand le soleil disparaît, la terre se couvre de rosée, mais, après le crépuscule de mon neveu, il pleut à torrents. Eh bien, es-tu devenue une vraie fontaine, ma petite fille ? Quoi, encore des larmes ! Toujours des averses ! Dans ton petit corps tu es à la fois la barque, la mer et le vent : tes yeux que je compare à la mer ont sans cesse un flux et un reflux de larmes ; ton corps est la barque qui flotte au gré de cette onde salée, et tes soupirs sont les vents qui, se déchaînant avec tes larmes, finiront, sauf si arrive soudain une accalmie, par faire sombrer ton corps dans la tempête. Eh bien, femme, lui avez-vous appris notre décision ?

Lady Capulet. – Oui, Monsieur, mais elle refuse. Je voudrais que cette folle soit mariée à sa tombe !

Capulet. – Doucement, je n'y suis pas[1], je n'y suis pas, femme. Comment ? Elle refuse ! Elle ne nous remercie pas et n'est pas fière et heureuse, tout indigne qu'elle est, que, grâce à nous, un si digne gentilhomme soit son mari !

Juliette. – Je ne suis pas fière, mais reconnaissante. Je ne peux être fière de ce que je hais comme un mal, mais je suis reconnaissante du mal même qui m'est fait par amour.

Capulet. – Quoi ? Quoi ? Raisonneuse, qu'est-ce que cela signifie ? « Je vous remercie et je ne vous remercie pas », « Je suis fière et je ne suis pas fière » ! Raisonneuse stupide, dispense-moi de tes remerciements et de tes fiertés mais prépare tes fines jambes pour te rendre jeudi prochain à l'église Saint Pierre en compagnie de Pâris ou je t'y traînerai sur un chariot. Ah ! Livide charogne ! Ah ! Coquine ! Ah ! Face de suif[2] !

Lady Capulet. – Allons, allons, perdez-vous la tête ?

Juliette, *s'agenouillant*. – Cher père, je vous en supplie à genoux, ayez la patience de m'écouter ! Rien qu'un mot !

Capulet. – Au diable, petite coquine ! Misérable ! Désobéissante ! Tu m'entends, rends-toi à l'église jeudi, ou évite de me rencontrer jamais. Ne parle pas, ne réplique pas, ne me réponds pas. Les doigts me démangent. Femme, nous n'avons guère été bénis du ciel de n'avoir que cette unique enfant, mais, je le vois maintenant, cette enfant même était de trop et c'est une malédiction de l'avoir eue. Arrière, bonne à rien !

La nourrice. – Que le Dieu du ciel la bénisse ! Vous avez tort, Monsieur, de la traiter ainsi.

Capulet. – Et pourquoi donc, Madame Je-sais-tout ? Retenez

1. Je ne comprends pas.
2. Insultes.

votre langue, Mère Prudence, et allez bavarder avec vos commères.

LA NOURRICE. – Ce que je dis n'est pas un crime.

CAPULET. – Au nom du ciel, bonsoir !

LA NOURRICE. – On ne peut pas dire un mot ?

CAPULET. – Paix, stupide radoteuse ! Allez proférer vos propos pontifiants[1] en buvant chez une commère, car ici nous n'en avons pas besoin.

LADY CAPULET. – Vous êtes trop brusque.

CAPULET. – Pain de Dieu[2], j'en deviens fou ! Le jour, la nuit, à toute heure, à toute minute, à tout moment, que je sois occupé ou non, seul ou en compagnie, mon unique souci a été de la marier ; enfin je trouve un gentilhomme de noble lignée[3], possédant de beaux domaines, jeune, de bonne éducation, pétri, comme on dit, d'honorables qualités, un homme aussi accompli qu'un cœur peut le souhaiter, et il faut qu'une petite sotte pleurnicheuse, une poupée gémissante réponde à cette offre : « Je ne veux pas me marier, je ne puis aimer, je suis trop jeune, je vous prie de me pardonner ! » Ah ! si tu ne te maries pas, tu verras comme je vais te pardonner ! Va paître où tu veux, mais pas chez moi. Fais attention, réfléchis bien, je n'ai pas l'habitude de plaisanter. Jeudi approche. Mets la main sur ton cœur, et réfléchis. Si tu es ma fille, je te donnerai à mon ami ; si tu ne l'es plus, va au diable, mendie, meurs de faim dans les rues. Car, sur mon âme, jamais je ne te reconnaîtrai, et jamais rien de ce qui m'appartient ne sera à toi. Compte là-dessus, réfléchis, je tiendrai parole.

Il sort.

JULIETTE. – N'y a-t-il pas de pitié, planant dans les nuages, qui voie le fond de ma douleur ? Ô ma mère bien-aimée, ne me

1. Prétentieux.
2. Juron.
3. Famille.

rejetez pas, reportez ce mariage d'un mois, d'une semaine, ou sinon mettez mon lit de noces dans le sombre monument où Tybalt repose !

LADY CAPULET. – Ne me parle plus, car je n'ai rien à te dire ; fais ce que tu voudras, car entre toi et moi, tout est fini.

Elle sort.

JULIETTE. – Ô mon Dieu ! Nourrice, comment empêcher cela ? Mon mari est sur terre, et ma foi au Ciel. Comment donc ma foi redescendra-t-elle ici-bas, tant que mon mari ne l'aura pas renvoyée du ciel en quittant cette terre ?[4] Console-moi, conseille-moi. Hélas ! Hélas ! Se peut-il que le ciel tende de pareils pièges à une créature aussi fragile que moi ? Que dis-tu ? N'as-tu pas un mot pour me soulager ? Console-moi, nourrice.

LA NOURRICE. – Ma foi, écoutez : Roméo est banni et je parie qu'il n'osera jamais venir vous réclamer ; s'il le fait, ce sera forcément en cachette. Donc, puisque telle est la situation, mon avis est que vous épousiez le comte. Oh ! C'est un aimable gentilhomme ! Roméo n'est qu'un torchon à côté de lui. Un aigle n'a pas l'œil aussi vert, aussi vif, aussi brillant que Pâris. Maudit soit mon cœur si je ne vous trouve pas très heureuse de ce second mariage car il vaut mieux que le premier. En plus, votre premier mariage est mort, ou mieux vaudrait qu'il le soit, puisque vous vivez sans pouvoir le consommer.

JULIETTE. – Parles-tu du fond du cœur ?

LA NOURRICE. – Et du fond de mon âme ; sinon, malédiction à tous deux !

JULIETTE. – Amen !

LA NOURRICE. – Quoi ?

JULIETTE. – Oh ! Tu m'as merveilleusement consolée ! Va dire à ma mère qu'ayant déplu à mon père, je suis allée à la cellule

4. Juliette est déjà mariée à Roméo et ne peut donc épouser Pâris, sauf si Roméo mourait.

de Laurent pour me confesser et recevoir l'absolution.

La nourrice. – Oui, certes, j'y vais. Vous faites sagement.

Elle sort.

Juliette, *regardant s'éloigner la nourrice.* – Vieille damnée ! Abominable démon ! Je ne sais quel est ton plus grand crime, ou de souhaiter que je me parjure[1], ou de dire du mal de mon époux avec cette même bouche qui l'a exalté[2] au-dessus de tout tant de milliers de fois… Va-t'en, conseillère ! Je vais trouver le religieux pour lui demander un remède[3] ; si tout échoue, j'ai au moins la ressource de mourir.

Elle sort.

1. Renie le serment de fidélité prononcé au moment du mariage.
2. A vanté ses mérites.
3. Au sens propre : *médicament* et figuré : *solution*.

Sandro Botticelli (1445-1510), *Tête de jeune femme*, dessin au pinceau lavé de bistre avec rehauts de blanc sur papier teinté de rose (13 x 18 cm),

Pause lecture 3

ACTE III

Du duel au duo

La mort sur Vérone

scène 1, p. 83 à 90

Avez-vous bien lu ?

Pourquoi Roméo attaque-t-il finalement Tybalt ?

- ❑ Parce que Tybalt a insulté sa famille.
- ❑ Parce que Tybalt a douté de son courage.
- ❑ Parce qu'il veut venger la mort de Mercutio.

La mort tragique d'un gai compagnon

1 Quel intérêt présente le portrait que Mercutio trace de Benvolio (l. 18 à 32) ?

2 Par quels arguments Roméo tente-t-il d'éviter l'affrontement ? Quelles sont ses véritables raisons ?

3 Quelle vie a menée Mercutio ? En quoi sa mort est-elle à l'image de son existence ? Quelle phrase, qu'il répète, sonne comme un avertissement pour l'avenir ?

La mort frappe une seconde fois

4 Relevez une expression qui montre que Roméo se sent accablé par le destin. Des lignes 132 à 138, quelles expressions marquent l'exaltation et la détermination de Roméo ?

Le jugement du Prince

5 À quel moment de la pièce renvoie la dernière partie de la scène ? Qu'avait alors promis le Prince ? Quel rôle joue chacun des personnages ?

6 Montrez que le récit de Benvolio (l. 168 à 188) s'il est conforme à la vérité, porte aussi la marque de ses amitiés et de ses antipathies.

Après l'assassinat de Tybalt scènes 2 à 4, p. 90 à 102

Avez-vous bien lu ?

Pourquoi Juliette est-elle désespérée ?

❑ Parce que Tybalt est mort.
❑ Parce que Roméo est banni.
❑ Parce que Roméo est devenu un meurtrier.

Les conséquences pour Juliette (scène 2)

1 Quels sont les sentiments de Juliette au début de la scène 2 (l. 212 à 241, p. 90-91) ? Quel procédé théâtral Shakespeare emploie-t-il pour retarder la révélation du sort de Roméo ? Quel est l'effet produit sur Juliette et sur le spectateur ?

2 Comment réagit Juliette quand elle apprend ce qui attend à Roméo ?

Les conséquences pour Roméo (scène 3)

3 Comment se manifeste la révolte de Roméo contre le châtiment qui lui est imposé (attitudes et langage) ?

4 Quels reproches Frère Laurent adresse-t-il à Roméo (l. 452 à 492, p. 98-99) ?

Les conséquences pour les Capulet (scène 4)

5 Comment les Capulet interprètent-ils le chagrin de leur fille ? Que décident-ils ?

6 Par quels types de phrases, par quels temps et quels modes verbaux Capulet exprime-t-il son autorité sur sa fille et sur son épouse ?

Au matin de la nuit de noces scène 5, p. 102 à 110

Avez-vous bien lu ?

À la fin de l'acte III, par qui Juliette espère-t-elle être aidée ?

❏ Par ses parents.
❏ Par la nourrice.
❏ Par Frère Laurent.

Un duo lyrique

1 Relevez des expressions qui, par leur répétition, forment une sorte de refrain poétique.

2 Comment la nature est-elle à la fois une complice et une menace pour les deux jeunes gens ?

Une rencontre menacée

3 Relevez les indications de temps tout au long de la scène. Pourquoi sont-elles aussi importantes (relisez la fin de la scène 3, l. 503 à 511, p. 100) ?

4 Dans quel dilemme est enfermé Roméo ? Quelles expressions annoncent un sort funeste aux deux jeunes gens ?

L'intrusion des parents

5 Des lignes 616 à 650 (p. 104-105, comment Juliette réussit-elle à ne pas mentir à sa mère, sans pour autant lui dire la vérité ?

6 Comment réagit Capulet lorsque Juliette refuse d'épouser Pâris ?

7 Pourquoi Juliette traite-t-elle la nourrice de « Vieille damnée ! Abominable démon ! » (l. 778-779, p. 109) ?

Vers l'expression

Vocabulaire

1. Trouvez des synonymes de *bagarre* et classez-les selon qu'ils sont argotiques, familiers, neutres, littéraires.
2. Qu'est-ce qu'une malédiction ? Quelle est celle que prononce Capulet dans la scène 5, p. 108. Donnez l'antonyme de ce nom et un verbe de la même famille que vous emploierez chacun dans une phrase qui en éclairera le sens.

À vous de jouer

Rédigez une argumentation

Frère Laurent reproche à Roméo d'avoir répondu à la violence par la violence. Sous la forme de deux tirades, imaginez ses arguments et la réponse de Roméo.

Lisez, comparez et débattez

Lisez les scènes 2 à 7 de l'acte II du *Cid* de Corneille et comparez la manière dont est représenté le duel dans le théâtre élisabéthain et dans le théâtre classique français. Quelle solution préférez-vous en tant que spectateur ?

Du texte à l'image

Observez la photographie → voir dossier images p. III

West Side Story, film de Robert Wise, 1961.

1 Dans quelle sorte de bâtiment se déroule la scène ? Comment qualifieriez-vous ce décor (lignes, volumes, couleurs) ?

2 D'où vient la lumière ? Quel est l'effet créé ?

3 Combien de personnes sont présentes ? Comment se répartissent-elles dans l'espace ?

4 Dans cette adaptation filmique de *Roméo et Juliette*, à quel milieu social appartiennent les personnages ? À quelle époque se situe l'action ?

5 Que font les deux hommes placés au centre ? Que tiennent-ils à la main ? De quels personnages de la pièce sont-ils tirés ?

6 Quelle impression cette scène laisse-t-elle au spectateur ?

Photographie du film *Roméo et Juliette*, de Franco Zeffirelli, 1968, avec Olivia Hussey (Juliette).

Scène 1

La cellule de Frère Laurent.
Entrent Laurent et Pâris.

Frère Laurent. – Jeudi, seigneur ? Le délai est bien court.

Pâris. – Mon père, Capulet le veut ainsi, et je ne laisserai aucun obstacle retarder son empressement[1].

Frère Laurent. – Vous ignorez encore, dites-vous, les sentiments de la dame. Voilà un comportement peu régulier et qui ne me plaît pas.

Pâris. – Elle ne cesse de pleurer la mort de Tybalt, aussi je lui ai peu parlé d'amour car Vénus[2] ne sourit pas dans une maison pleine de larmes. Or son père trouve dangereux qu'elle se laisse ainsi dominer par la douleur. Dans sa sagesse, il hâte notre mariage pour arrêter cette inondation de larmes. Le chagrin favorisé par la solitude disparaîtra en société[3]. Maintenant vous connaissez les raisons de cette hâte.

Frère Laurent, *à part.* – Hélas ! Je connais trop celles qui devraient la ralentir ! *(Haut.)* Justement, Monsieur, voici la dame qui vient dans ma cellule.

Entre Juliette.

Pâris. – Heureux de vous rencontrer, ma dame et ma femme !

Juliette. – Votre femme ! Je le serai quand je pourrai être mariée.

Pâris. – Vous pouvez et vous devez l'être, mon amour, jeudi prochain.

Juliette. – Ce qui doit être sera.

Frère Laurent. – Voilà une vérité certaine.

Pâris, *à Juliette.* – Venez-vous vous confesser à ce bon père ?

1. Sa volonté de faire vite.
2. Déesse de l'amour.
3. Dans la compagnie de personnes.

Juliette. – Répondre à cette question serait me confesser à vous.

Pâris. – Ne lui cachez pas que vous m'aimez.

Juliette. – Je vous confesserai que je l'aime.

Pâris. – Comme vous confesserez, j'en suis sûr, que vous m'aimez.

Juliette. – Si je fais cet aveu, il aura plus de prix en votre absence qu'en votre présence.

Pâris. – Pauvre âme, les larmes ont bien abîmé votre visage.

Juliette. – Elles ont remporté une faible victoire : mon visage n'avait pas grand charme avant leurs ravages.

Pâris. – Ces paroles lui font plus d'injure que vos larmes.

Juliette. – Ce n'est pas une calomnie, Monsieur, c'est une vérité ; et cette vérité, je la dis à mon visage.

Pâris. – Votre beauté est à moi et vous la calomniez.

Juliette. – Il se peut, car elle ne m'appartient pas… Êtes-vous libre, saint père, tout de suite, ou dois-je revenir ce soir après les vêpres[1] ?

Frère Laurent. – J'ai tout mon temps. Tu es bien mélancolique, ma fille… Monseigneur, nous aurions besoin d'être seuls.

Pâris. – Dieu me préserve de troubler votre dévotion[2] ! Juliette, jeudi, de bon matin, j'irai vous réveiller. Jusque-là, adieu, et recueillez ce pieux baiser. *(Il l'embrasse et sort.)*

Juliette. – Oh ! Ferme la porte, et, cela fait, viens pleurer avec moi : plus d'espoir, plus de secours, plus de remède.

Frère Laurent. – Ah ! Juliette, je connais déjà ton chagrin, et j'ai l'esprit tendu par une anxiété inexprimable. Je sais que jeudi prochain, sans délai possible, tu dois être mariée au comte.

Juliette. – Ne me dis pas que tu sais cela, frère, sans me dire aussi comment je puis l'empêcher. Si, dans ta sagesse, tu ne trouves pas de remède, déclare seulement que ma décision est sage et, sur-le-champ, ce couteau m'aidera à l'accomplir. *(Elle*

1. Office religieux du soir dans la religion catholique.
2. Piété.

montre un poignard.) Dieu a joint mon cœur à celui de Roméo ; toi, tu as joint nos mains ; et, avant que cette main, engagée par toi à Roméo, signe un autre contrat, avant que mon cœur loyal, devenu traître, se donne à un autre, ceci les tuera tous deux. En vertu de ta longue expérience, donne-moi vite un conseil ; sinon, regarde ! Entre ma détresse et moi je prends ce couteau sanglant pour arbitre : c'est lui qui tranchera le litige[3] que l'autorité de ton âge et de ta science n'aura pas su conclure à mon honneur. Réponds-moi sans retard ; il me tarde de mourir si tes paroles ne me donnent pas de solution !

Frère Laurent. – Arrête, ma fille ! J'entrevois une espérance possible, mais le moyen nécessaire à son accomplissement est aussi désespéré que le mal que nous voulons empêcher. Si, plutôt que d'épouser le comte Pâris, tu as l'énergie de vouloir te tuer, il est probable que tu oseras affronter l'image de la mort pour repousser le déshonneur, toi qui, pour y échapper, veux provoquer la mort elle-même. Eh bien, si tu as ce courage, je te donnerai un remède.

Juliette. – Plutôt que d'épouser Pâris, ordonne-moi de m'élancer des créneaux d'une tour ou d'aller sur des chemins remplis de bandits ; ordonne-moi de me glisser au milieu des serpents ; enchaîne-moi avec des ours rugissants ; enferme-moi, la nuit, dans une fosse commune, sous un monceau d'os de morts qui s'entrechoquent, de moignons[4] fétides[5] et de crânes jaunes et décharnés ; dis-moi d'aller, dans une tombe fraîchement creusée, m'enfouir avec un mort dans son linceul[6] ; ordonne-moi des actions dont la seule évocation fait trembler et je les accomplirai sans crainte, sans hésitation, pour rester l'épouse sans tache de mon doux amour.

Frère Laurent. – Écoute : rentre à la maison, aie l'air gai et dis que tu consens à épouser Pâris. C'est demain mercredi.

3. Le conflit entre son amour pour Roméo et l'obligation d'épouser Pâris.
4. Extrémités de membres amputés.
5. Dégageant une odeur de décomposition.
6. Drap dans lequel on enveloppe un cadavre.

Demain soir, fais en sorte de coucher seule sans que ta nourrice dorme dans ta chambre. Une fois au lit, prends cette fiole[1] et avale la liqueur qu'elle contient. Aussitôt dans toutes tes veines se répandra une froide et léthargique[2] humeur[3] ; ton pouls suspendra son rythme naturel et cessera de battre. Ni chaleur ni souffle ne prouveront que tu vis. Les roses de tes lèvres et de tes joues seront flétries et ternes comme la cendre, les fenêtres de tes yeux seront closes, comme si la mort les avait fermées. Chaque partie de ton être, privée de souplesse et d'action, sera roide[4], dure et froide comme la mort. Dans cet état apparent de cadavre tu resteras pendant quarante-deux heures, puis tu t'éveilleras comme d'un doux sommeil. Le matin, quand ton fiancé arrivera pour ton lever, il te trouvera morte dans ton lit. Alors, selon l'usage de notre pays, vêtue de ta plus belle parure et placée dans un cercueil découvert, tu seras transportée à l'ancien caveau[5] où repose toute la famille des Capulet. Pendant ce temps, avant ton réveil, Roméo, mis au courant de notre plan par une lettre, arrivera ; lui et moi nous guetterons ton réveil, et cette nuit-là Roméo t'emmènera à Mantoue. Ainsi tu seras arrachée au déshonneur qui te menace, si nul caprice, nulle frayeur féminine n'abattent ton courage au moment de mettre mon plan à exécution.

JULIETTE. – Donne, donne ! Ne me parle pas de frayeur.

FRÈRE LAURENT, *lui remettant la fiole.* – Tiens, pars ! Sois forte et heureuse dans ta décision. J'envoie vite un frère[6] à Mantoue avec un message pour ton mari.

JULIETTE. – Amour, donne-moi ta force, et cette force me sauvera. Adieu, mon père !

Ils se séparent.

1. Ce flacon.
2. Qui produit un coma artificiel.
3. Boisson.
4. Raidie.
5. Grande tombe.
6. Un moine.

Scène 2

Dans la maison de Capulet.

Entrent Capulet, lady Capulet, la nourrice et des valets.

CAPULET, *remettant un papier au premier valet.* – Invite toutes les personnes dont le nom est écrit ici. *(Le valet sort. Au second valet.)* Et toi, engage vingt cuisiniers habiles.

DEUXIÈME VALET. – Vous n'en aurez que des bons, Monsieur, car je m'assurerai d'abord qu'ils savent se lécher les doigts.

CAPULET. – Et comment t'assureras-tu par là de leur savoir-faire ?

DEUXIÈME VALET. – Pardi, Monsieur, c'est un mauvais cuisinier celui qui ne se lèche pas les doigts[6] ; ainsi ceux qui ne se lécheront pas les doigts, je ne les prendrai pas.

CAPULET. – Bon, va-t'en. *(Le valet sort.)* Nous allons être pris au dépourvu[7] cette fois. Ma fille est-elle allée chez Frère Laurent ?

LA NOURRICE. – Ma foi, oui.

CAPULET. – Bien, il aura peut-être une bonne influence sur elle. La friponne est si maussade, si têtue.

Entre Juliette.

LA NOURRICE. – Voyez donc avec quelle mine joyeuse elle revient de confesse[8].

CAPULET. – Eh bien, mon entêtée, où es-tu allée ?

JULIETTE. – Chez quelqu'un qui m'a appris à me repentir[9] de ma coupable résistance à vous et à vos ordres. Le vénérable Frère Laurent m'a enjoint[10] de me prosterner à vos pieds, et de vous demander pardon. *(Elle s'agenouille devant son père.)* Pardon, je vous en supplie ! Désormais, je me laisserai toujours guider par vous.

7. S'il ne se lèche pas les doigts, c'est qu'il n'ose pas goûter les plats qu'il prépare.
8. Pris par surprise, sans avoir eu le temps de nous préparer.
9. De se confesser.
10. Demander pardon.
11. Ordonné.

CAPULET. – Qu'on aille chercher le comte, et qu'on l'instruise de ceci. Je veux que ce nœud[1] soit noué dès demain matin.

JULIETTE. – J'ai rencontré le jeune comte à la cellule de Laurent, et je lui ai témoigné mon amour autant que je le pouvais, sans dépasser les bornes de la pudeur.

CAPULET. – Ah ! J'en suis bien content. Voilà qui est bien. Relève-toi. *(Juliette se relève.)* Les choses sont comme elles doivent être. Il faut que je voie le comte. Morbleu, qu'on aille le chercher, vous dis-je. Ah ! C'est un saint homme que ce révérend père et notre cité lui doit beaucoup.

JULIETTE. – Nourrice, viens avec moi dans ma chambre pour m'aider à choisir les parures[2] convenables pour ma toilette de demain.

LADY CAPULET. – Non, pas avant jeudi. Nous avons le temps.

CAPULET. – Va, nourrice, va avec elle. *(Juliette sort avec la nourrice. À lady Capulet.)* Nous irons à l'église demain.

LADY CAPULET. – Nous serons pris de court[3] pour les préparatifs : il est presque nuit déjà.

CAPULET. – Bah ! Je vais me démener et tout ira bien, je te le garantis, femme ! *(À la nourrice)* Toi, va rejoindre Juliette, et aide-la à se parer. Je ne me coucherai pas cette nuit. Laissez-moi seul ; c'est moi qui ferai la maîtresse de maison cette fois. Holà !... Ils sont tous sortis. J'irai moi-même prévenir le comte Pâris pour demain. J'ai le cœur étonnamment léger depuis que cette petite folle a changé de comportement.

Ils sortent.

1. Ce mariage.
2. Vêtements de fête.
3. Nous n'aurons pas le temps.

Scène 3

La chambre à coucher de Juliette.
Entrent Juliette et la nourrice.

JULIETTE. – Oui, c'est la toilette qu'il faut. Mais, gentille nourrice, laisse-moi seule cette nuit, je t'en prie. J'ai besoin de beaucoup prier pour décider le Ciel à sourire à mon existence qui est, tu le sais, pleine de troubles et de péchés.

Entre lady Capulet.

LADY CAPULET. – Eh bien, vous êtes encore occupées ? Avez-vous besoin de mon aide ?

JULIETTE. – Non, Madame. Nous avons choisi tout ce qui sera nécessaire pour notre cérémonie de demain. Permettez-moi de rester seule à présent et demandez que la nourrice veille avec vous cette nuit car, j'en suis sûre, vous avez beaucoup de travail, dans des circonstances si soudaines.

LADY CAPULET. – Bonne nuit ! Mets-toi au lit et repose-toi car tu en as besoin.

Lady Capulet sort avec la nourrice.

JULIETTE. – Adieu ! Dieu sait quand nous nous reverrons. Une vague frayeur répand un frisson dans mes veines et y glace presque la chaleur de la vie. Je vais les rappeler pour me rassurer. Nourrice !… Que ferait-elle ici ? Je dois jouer seule mon horrible scène. *(Prenant le flacon que Laurent lui a donné.)* À moi, fiole ! Et si cette préparation n'agissait pas ? Serais-je alors mariée demain matin ?… Non, non. Voici qui l'empêcherait. Reste là, toi. *(Elle met la dague[4] à côté de son lit.)* Et si c'était un poison que le moine m'avait habilement administré pour me faire mourir afin de ne pas être déshonoré par ce mariage, lui qui m'a déjà mariée à Roméo ? J'en ai peur, mais non, c'est

4. Poignard ou courte épée.

impossible : il a toujours été considéré comme un saint homme. Et si, une fois déposée dans le tombeau, je m'éveillais avant le moment où Roméo viendra me délivrer ! Ah, l'effroyable chose ! Ne serais-je pas étouffée dans ce caveau dont la bouche hideuse n'aspire jamais d'air pur et mourrais-je suffoquée avant que Roméo n'arrive ? Ou même, si je survis, n'est-il pas probable que l'horrible impression de la mort et de la nuit jointe à la terreur du lieu… Ce caveau est le lieu où depuis bien des siècles sont entassés les os de tous mes ancêtres, où Tybalt sanglant et fraîchement enterré pourrit sous son linceul, où, dit-on, à certaines heures de la nuit, les esprits s'assemblent. Hélas, hélas ! N'est-il pas probable que, réveillée avant l'heure, au milieu d'odeurs infectes et de gémissements pareils à ces cris de mandragores déracinées que des vivants ne peuvent entendre sans devenir fous… Oh ! si je m'éveille ainsi, ne vais-je pas perdre pas la raison, environnée de toutes ces horreurs ? Peut-être alors, folle, voudrai-je jouer avec les squelettes de mes ancêtres, arracher de son linceul Tybalt mutilé, et, dans ce délire, saisissant l'os de quelque grand-parent comme une massue, faire éclater ma cervelle désespérée. Oh ! Il me semble voir le spectre de mon cousin poursuivant Roméo qui lui a transpercé le corps avec la pointe de son épée. Arrête, Tybalt, arrête ! *(Elle porte la fiole à ses lèvres.)* Roméo ! Roméo ! Roméo ! Voici à boire. Je bois à toi.

Elle se jette sur son lit derrière un rideau.

La mandragore

Les Anciens se servaient de cette plante comme somnifère, anti-douleur ou antidote au venin de vipère. On disait qu'elle poussait de préférence au pied des lieux de pendaison et que, si on l'arrachait, elle poussait des cris terrifiants. On la retrouve dans l'univers d'*Harry Potter*.

Scène 4

Une salle dans la maison de Capulet. Le jour se lève.
Entrent lady Capulet et la nourrice.

Lady Capulet, *donnant un trousseau de clefs à la nourrice.* – Tiens, nourrice, prends ces clefs et va chercher d'autres épices.

La nourrice. – On demande des dattes et des coings pour la pâtisserie.

Entre Capulet.

Capulet. – Allons ! On bouge, on bouge, on bouge ! Le coq a chanté deux fois, le couvre-feu a sonné, il est trois heures. *(À lady Capulet.)* Surveillez les fours, bonne Angélique, et pas d'économie.

La nourrice, *à Capulet.* – Allez, Monsieur le marmiton[1], allez vous mettre au lit. Ma parole, vous serez malade demain d'avoir veillé cette nuit.

Capulet. – Mais non, mais non ! J'ai déjà passé des nuits entières pour des raisons moins importantes et je n'ai jamais été malade.

Lady Capulet. – Oui, vous avez chassé les souris[2], mais je veillerai désormais à ce que cela ne se reproduise plus.

Lady Capulet et la nourrice sortent.

Capulet. – Jalousie, jalousie ! *(Des valets passent, portant des broches, des bûches et des paniers. Au premier valet.)* Eh bien, l'ami, qu'est-ce que tout ça ?

Premier valet. – Monsieur, c'est pour le cuisinier, mais je ne sais pas trop ce que c'est.

Capulet. – Hâte-toi, hâte-toi ! *(Sort le premier valet. Au deuxième valet.)* Apporte des bûches plus sèches[3]. Appelle Pierre, il te montrera où il y en a.

1. Aide-cuisinier.
2. Fait la cour aux filles.
3. Pour qu'elles brûlent mieux.

DEUXIÈME VALET. – J'ai assez de tête, Monsieur, pour trouver les bûches sans avoir besoin de déranger Pierre.

Il sort.

CAPULET. – Bien dit ! Voilà un joyeux fils de garce ! Tu devrais être chef des bûches[1]. Ma foi, il fait jour. Le comte va bientôt être ici avec des musiciens, il me l'a promis. *(Bruit d'instruments qui se rapprochent.)* Je l'entends qui s'avance… Nourrice ! Femme ! Holà ! Nourrice !

Entre la nourrice.

CAPULET. – Va réveiller Juliette et habille-la. Je vais causer avec Pâris. Vite, dépêche-toi, dépêche-toi ! Le fiancé est déjà arrivé ; dépêche-toi, te dis-je.

Tous sortent.

Scène 5

La chambre à coucher de Juliette. Entre la nourrice.

LA NOURRICE, *appelant.* – Maîtresse ! Allons, maîtresse !… Juliette !… Elle dort profondément, je le garantis… Eh bien, mon agneau ! Eh bien, maîtresse !…. Hou, paresseuse !… Allons, amour, allons ! Madame ! Mon cher cœur ! Allons, la mariée ! Quoi, pas un mot ? Vous prenez de l'avance, vous dormez pour une semaine, car, la nuit prochaine, j'en suis sûre, le comte ne vous laissera guère prendre de repos. Dieu me pardonne ! Jésus Marie, comme elle dort ! Il faut que je l'éveille… Madame, madame, madame ! Oui, si le comte vous surprend au lit, il vous secouera, ma foi. *(Elle tire les rideaux*

1. Jeu de mots : l'expression veut dire aussi « tête de bûche ».

du lit et découvre Juliette étendue et immobile.) Est-ce possible ? Quoi ? toute vêtue, toute parée, et recouchée ? Il faut que je la réveille… Madame, madame, madame ! Hélas, hélas ! Au secours, au secours ! Ma maîtresse est morte ! Ô malheur ! Maudit soit le jour de ma naissance ! Holà, de l'eau-de-vie ! Monseigneur ! Madame !

Entre lady Capulet.

LADY CAPULET. – Quel est ce bruit ?

LA NOURRICE. – Ô jour lamentable !

LADY CAPULET. – Qu'y a-t-il ?

LA NOURRICE, *montrant le lit.* – Regardez, regardez ! Ô jour affreux !

LADY CAPULET. – Ciel, Ciel, mon enfant, ma vie ! Reviens, rouvre les yeux ou je vais mourir avec toi ! Au secours, au secours, appelle au secours !

Entre Capulet.

CAPULET. – Que diable, faites venir Juliette, son fiancé est arrivé.

LA NOURRICE. – Elle est morte, morte, elle est morte. Ah ! mon Dieu !

LADY CAPULET. – Mon Dieu ! Elle est morte, elle est morte, elle est morte !

CAPULET, *s'approchant de Juliette.* – Laissez-moi la voir ! C'est fini, hélas, elle est froide ! Son sang s'est arrêté et ses membres sont raidis. La vie a depuis longtemps quitté ses lèvres. La mort est sur elle, comme une gelée précoce sur la plus douce fleur des champs.

LA NOURRICE. – Ô jour lamentable !

LADY CAPULET. – Douloureux moment !

CAPULET. – La mort, qui l'a prise pour me faire gémir, paralyse ma langue et m'empêche de parler.

Scène 5

Entrent Frère Laurent et Pâris suivis de musiciens.

Frère Laurent. – Allons, la fiancée est-elle prête à aller à l'église ?

Capulet. – Prête à y aller, mais pour n'en pas revenir. *(À Pâris.)* Ô mon fils, la nuit qui précédait tes noces, la mort a couché avec ton épouse, et voici la pauvre fleur toute déflorée[1] par elle. La mort est mon gendre, la mort est mon héritier, la mort a épousé ma fille. Moi, je vais mourir et tout lui laisser ; la vie, les biens, tout appartient à la mort.

Pâris. – Ai-je si longtemps désiré voir cette aurore pour qu'elle me donne un pareil spectacle ?

Lady Capulet. – Jour maudit, malheureux, misérable, odieux ! Heure la plus atroce qu'ait jamais vue le temps dans le déroulement pénible de son pèlerinage ! Rien qu'une pauvre enfant, une pauvre chère enfant, rien qu'un seul être pour me réjouir et me consoler et la mort cruelle l'arrache de mes bras !

La nourrice. – Ô douleur ! Ô douloureux, douloureux, douloureux jour ! Jour lamentable ! Jour le plus douloureux que jamais, jamais j'aie vu ! Ô jour, ô jour, ô jour, ô jour odieux ! Jamais jour ne fut plus sombre ! Ô jour de douleur, ô jour de douleur !

Pâris. – Trompé, divorcé, outragé, méprisé, assassiné ! Oui, détestable mort, trompé par toi, ruiné par toi, cruelle, cruelle ! Ô mon amour ! Ma vie ! Non, tu n'es plus ma vie, tu es mon amour dans la mort !

Capulet. – Méprisé, affligé, haï, martyrisé, tué ! Sinistre moment, pourquoi es-tu venu détruire, détruire notre belle fête ? Ô mon enfant, mon enfant, mon enfant, mon âme, tu es morte ! Hélas ! mon enfant est morte, et, avec mon enfant, sont enterrées toutes mes joies !

1. En anglais comme en français, le verbe a deux sens : « faire perdre ses fleurs à une plante » et « faire perdre sa virginité à une jeune fille ». Juliette a épousé la mort.

FRÈRE LAURENT. – Silence, n'avez-vous pas honte ? Le remède aux maux désespérés n'est pas dans ces désespoirs. Le Ciel et vous partagiez cette belle enfant, maintenant le Ciel l'a tout entière, et pour elle c'est tant mieux. Ce qu'elle avait de vous, vous ne pouviez le garder de la mort, mais le Ciel garde sa part pour l'éternité. Un beau statut social était tout ce que vous lui souhaitiez ; votre ciel à vous, c'était de la voir s'élever et vous pleurez maintenant qu'elle s'élève au-dessus des nuages, jusqu'au Ciel même ? Oh ! vous aimez si mal votre enfant que vous devenez fous en voyant qu'elle est heureuse maintenant. Vivre longtemps mariée n'est pas forcément être bien mariée, la mieux mariée est celle qui meurt jeune. Séchez vos larmes et attachez des branches de romarin[2] sur ce beau corps ; puis, selon la coutume, portez-la dans sa plus belle parure à l'église car bien que notre faible nature nous pousse tous à pleurer, ces larmes de la nature font rire la raison.

CAPULET. – Tous nos préparatifs de fête se changent en sombres funérailles. Notre concert devient un glas[3] mélancolique, notre repas de noces, un triste banquet d'obsèques, nos hymnes[4] solennelles, des chants funèbres. Les fleurs nuptiales[5] servent pour une morte et tout se change en son contraire.

FRÈRE LAURENT. – Retirez-vous, Monsieur, vous aussi, madame et vous aussi, seigneur Pâris. Que chacun se prépare à escorter cette belle enfant jusqu'à son tombeau. Le ciel vous accable pour je ne sais quelle offense. Ne l'irritez pas davantage en murmurant contre sa volonté suprême.

Sortent Capulet, lady Capulet, Pâris et Frère Laurent.

PREMIER MUSICIEN. – Nous pouvons ranger nos flûtes et partir.

LA NOURRICE. – Rangez-les, rangez-les, mes bons et honnêtes amis car, comme vous le voyez, la situation est lamentable.

2. Symbole d'immortalité, le romarin est utilisé dans les enterrements.
3. Sonnerie de cloches qui annonce la mort ou les funérailles d'un fidèle.
4. Au masculin, ce mot signifie « chant à la gloire de la patrie, d'un dieu ou d'une idée ». Au féminin, il signifie « chant religieux chrétien ».
5. Pour le mariage.

Premier musicien. – Ma foi, oui, elle pourrait être meilleure.

Sort la nourrice.
Entre Pierre.

Pierre. – Musiciens ! Oh ! Musiciens, vite *Gaieté du cœur* ! *Gaieté du cœur* ! Si vous voulez que je vive, jouez-moi *Gaieté du cœur* !

Premier musicien. – Et pourquoi *Gaieté du cœur* ?

Pierre. – Ô musiciens, parce que mon cœur joue l'air de *Mon cœur est triste*. Jouez-moi quelque complainte joyeuse[1] pour me consoler.

Deuxième musicien. – Pas la moindre complainte ; ce n'est pas le moment de jouer.

Pierre. – Vous ne voulez vraiment pas ?

Les musiciens. – Non.

Pierre. – Alors vous allez en avoir, et ça va faire du bruit.

Premier musicien. – Qu'allons-nous avoir ?

Pierre. – Pas de l'argent, morbleu, mais une raclée, méchants racleurs !

Premier musicien. – Méchant valet !

Pierre. – Je vais vous planter ma dague[2] de valet dans le crâne. Je ne supporterai pas vos croches[3] ; je vous en donnerai des *ré* et des *fa* !

Premier musicien. – En nous donnant le *ré* et le *fa*, c'est vous qui faites des croches.

Deuxième musicien. – Voyons, rengainez votre dague et dégainez votre esprit.

Pierre. – En garde donc ! Je vais vous attaquer à la pointe de l'esprit et rengainer ma pointe d'acier. Ripostez-moi en hommes. *(Il chante.)*

Quand une douleur poignante blesse le cœur
Et qu'une morne tristesse accable l'esprit,
Alors la musique au son argentin…

1. Opposition (ou oxymore) présente dans le texte anglais.
3. Note de musique. Mais le mot en ancien anglais signifiait aussi « habitude bizarre ».
2. Épée courte, portée au côté droit.

Pourquoi « son argentin » ? Pourquoi la musique a-t-elle un son argentin ? Répondez, Simon Boyau-de-Chat !

Premier musicien. – Eh ! parce que l'argent a un son fort doux.

Pierre. – Joli ! Répondez, vous, Hugues Rebec[4] !

Deuxième musicien. – La musique a un son argentin, parce que les musiciens la font sonner moyennant argent.

Pierre. – Joli aussi ! Répondez, vous, Jacques Larchet.

Troisième musicien. – Ma foi, je ne sais que dire.

Pierre. – Oh ! Je vous demande pardon, vous êtes chanteur. Je vais répondre pour vous. La musique a un son argentin parce que les musiciens de votre espèce ont rarement de l'or à faire sonner. *(Il chante.)*

Alors la musique au son argentin
Apporte promptement un soulagement.

Il sort.

Premier musicien. – Voilà un valet puant !

Deuxième musicien. – Qu'il aille se faire pendre ! Venez ! Attendons le retour du convoi[5] et restons à dîner.

Ils sortent.

4. Instrument de musique du Moyen Âge, en forme de poire et comportant trois cordes et un archet.
5. Le retour du cimetière.

Photographie du film *Roméo et Juliette*, de Franco Zeffirelli, 1968, avec Leonard Whiting (Roméo) et Olivia Hussey (Juliette).

Pause lecture 4

ACTE IV

Un stratagème risqué

La solution de Frère Laurent

scènes 1 et 2, p. 117 à 122

Avez-vous bien lu ?

Comment Juliette veut-elle se tuer ?

❑ Avec un couteau.

❑ Avec du poison.

❑ En s'enterrant vivante.

Chez Frère Laurent

1 Pour quelles raisons Pâris et Juliette viennent-ils trouver Frère Laurent ?

2 En quels termes Pâris s'adresse-t-il à Juliette ? Montrez que certaines paroles de Juliette ont un double sens.

Une proposition inespérée

3 Quel jeu de scène et quel accessoire soulignent la détermination de Juliette ?

4 Quelle solution propose Frère Laurent ? En quoi est-elle conforme à ce que nous savons du personnage ? Relisez le début de la scène 3 de l'acte II, p 60.

Les préparatifs du mariage

5 Le ton de la scène 2 s'oppose-t-il à celui de la scène précédente ? Justifiez votre réponse. Quel est l'effet produit sur le spectateur ?

6 Montrez que Juliette, de retour chez elle, suit le plan imaginé par le moine. Comment réagit son père ?

La tragique solitude de Juliette

scène 3, p. 123 à 124

Avez-vous bien lu ?

Que fait Juliette, une fois seule ?

❑ Elle rêve à son amour pour Roméo.

❑ Elle est la proie de terreurs morbides.

❑ Elle espère que la potion aura une action bénéfique.

Juliette et ses deux « mères »

1 Dans ses paroles à la nourrice et à sa mère, quel adjectif Juliette répète-t-elle ? Quelles raisons donne-t-elle pour expliquer ce désir ? Sont-elles sincères ?

Le monologue de Juliette

2 Au début du monologue, relevez une expression qui peut faire penser à du « théâtre dans le théâtre ». Juliette joue-t-elle un rôle ici ?

3 Relevez le champ lexical de la peur dans le monologue. Quelles manifestations physiques accompagnent l'expression de ce sentiment ?

4 Par quels types de phrases, par quels modes verbaux Juliette fait-elle ressentir au spectateur ce qu'elle éprouve ? Quelles hypothèses formule-t-elle successivement ?

5 Montrez que, peu à peu, la raison fait place à un imaginaire fantastique. Quels termes décrivent l'état dans lequel elle se trouve à la fin de la scène ?

6 Quel personnage fait naître des images fantastiques dans un autre registre ? Relisez la fin de la scène 4 de l'acte I, p. 36 à 37.

Une maison en deuil scènes 4 et 5, p. 125 à 131

Avez-vous bien lu ?

À la fin de la scène 5, pourquoi Pierre veut-il entendre de la musique ?

- ❑ Pour accompagner le deuil.
- ❑ Parce qu'il est musicien lui-même.
- ❑ Parce qu'elle apporte une consolation.

Une agitation festive

1 Quels jeux de scène et quelles structures de phrases expriment l'agitation qui règne dans la maison des Capulet ? Quel effet produit ce début de scène lorsqu'on découvre la suite ?

La tragique découverte

2 Qui découvre successivement la « mort » de Juliette ? Comment réagissent-ils ?

3 Par quels moyens ce moment tragique est-il rendu poétique ? Relevez quelques procédés de style significatifs (répétitions, comparaisons, métaphores).

Le deuil

4 Quels arguments développe Frère Laurent quand il s'adresse aux Capulet ? Pourquoi est-ce important que Juliette soit enterrée rapidement ?

5 Pourquoi la scène et l'acte se terminent-ils sur la querelle de Pierre et des musiciens ?

Vers l'expression

Vocabulaire

1. a. Classez les noms suivants du plus faible au plus fort.

Crainte – inquiétude – frayeur – terreur – épouvante – peur.

b. Trouvez des verbes et des adjectifs de la même famille que ces noms.

2. Les sentiments se traduisent par des manifestations physiques. Recopiez les expressions suivantes et indiquez, pour chacune d'elles, le sentiment qui lui correspond.

Avoir les yeux qui brillent : ....

Avoir la chair de poule : ....

Avoir la gorge qui se serre : ....

Faites un peu de théâtre !

Jouez le monologue de Juliette dans la scène 2. Auparavant, interrogez-vous sur le décor, le costume et les accessoires dont vous aurez besoin.

Écrivez une lettre

Juliette écrit à Roméo pour lui expliquer le stratagème imaginé par Frère Laurent. Elle lui demande si elle doit accepter cette proposition et lui exprime son amour et ses craintes.

Du texte à l'image

Observez la photographie → voir dossier images p. 132

Photographie du film *Roméo et Juliette*, de Franco Zeffirelli, 1968, avec Leonard Whiting (Roméo) et Olivia Hussey (Juliette).

1 Décrivez les éléments du décor. Comment s'appelle la décoration du sol ? Où se trouvent les deux héros ?

2 Comment s'exprime leur recueillement ?

3 Que pensez-vous de leur costume ? Savez-vous à partir de quand les jeunes filles se sont mariées en blanc en Europe ?

4 Quel personnage est absent de l'image ? À quel moment de la cérémonie en est-on ?

5 Quel est l'effet produit par l'absence de public?

Pharmacie italienne du XVIe siècle, Bologne.

Scène 1

Mantoue[1]. Une rue.
Entre Roméo.

ROMÉO. – Si je puis faire confiance aux flatteuses vérités du sommeil, mes rêves m'annoncent l'arrivée de quelque joyeuse nouvelle. Le souverain de mon cœur[2] siège serein[3] sur son trône ; et, depuis ce matin, une allégresse[4] inhabituelle m'élève au-dessus de terre par de riantes pensées. J'ai rêvé que ma dame arrivait et me trouvait mort (étrange rêve qui laisse à un mort le pouvoir de penser !), puis, qu'à force de baisers elle ranimait la vie sur mes lèvres et que je revivais et devenais empereur. Ciel ! Combien doit être douce la possession de l'amour quand son ombre est déjà si riche en joies !

Entre Balthazar, le valet de Roméo, chaussé de bottes[5].

ROMÉO. – Des nouvelles de Vérone ! Eh bien, Balthazar, tu ne m'apportes pas de lettre du moine ? Comment va ma dame ? Mon père est-il bien ? Comment va ma Juliette ? Je te répète cette question car le malheur n'existe pas si elle va bien.
BALTHAZAR. – Elle va bien et il n'existe donc pas de malheur. Son corps repose dans le tombeau des Capulet et son âme immortelle vit avec les anges. Je l'ai vu déposée dans le caveau de sa famille ; j'ai accouru aussitôt pour vous l'annoncer. Oh ! Pardonnez-moi de vous apporter ces tristes nouvelles. Je remplis la mission dont vous m'aviez chargé, Monsieur.
ROMÉO. – Est-ce ainsi ? Alors, astres, je vous défie. *(À Balthazar)* Tu sais où je loge ; procure-moi de l'encre et du papier et loue des chevaux de poste. Je pars d'ici ce soir.
BALTHAZAR. – Je vous en conjure, Monsieur, attendez. Votre pâleur, votre air hagard[6] annoncent une catastrophe.

1. Ville d'exil de Roméo.
2. L'amour.
3. Tranquille.
4. Joie.
5. Ce détail indique qu'il vient de faire un long voyage.
6. Égaré.

ROMÉO. – Bah, tu te trompes ! Laisse-moi et fais ce que je te dis. Tu n'as pas de lettre du moine pour moi ?

BALTHAZAR. – Non, mon bon seigneur.

ROMÉO. – Peu importe. Va-t'en et loue des chevaux ; je te rejoins tout de suite. *(Sort Balthazar.)* Oui, Juliette, je dormirai près de toi cette nuit. Cherchons le moyen d'y arriver. Ô mal, comme tu viens vite à la pensée des hommes désespérés ! Je me souviens d'un apothicaire qui demeure aux environs. Récemment encore, je l'ai remarqué, vêtu de haillons[1], occupé, le sourcil froncé, à cueillir des simples[2]. Il était maigre et l'âpre misère l'avait usé jusqu'aux os. Dans sa pauvre échoppe[3] étaient accrochés une tortue, un alligator empaillé et des peaux de poissons monstrueux ; sur ses planches, une misérable collection de boîtes vides, des pots de terre verdâtres, des vessies[4] et des graines moisies, des restes de ficelle et de vieux pains de roses étaient éparpillés çà et là en guise d'étalage. Remarquant cette misère, je m'étais dit : « Si un homme avait besoin de poison[5], bien que la vente en soit punie de mort à Mantoue, voici un pauvre gueux[6] qui lui en vendrait. » Je pressentais alors mon besoin urgent. Il faut que ce malheureux m'en vende. Si j'ai bonne mémoire, ce doit être ici sa maison. Comme c'est fête aujourd'hui, la boutique de ce pauvre est fermée. Holà ! Apothicaire !

Une porte s'ouvre. Paraît l'apothicaire.

L'APOTHICAIRE. – Qui appelle si fort ?

ROMÉO. – Viens ici, l'ami. Je vois que tu es pauvre. Tiens, voici quarante ducats[7]. Donne-moi une dose de poison, mais il me faut une drogue énergique qui, à peine répandue dans les veines de l'homme fatigué de vivre, le fasse tomber mort et qui chasse du corps le souffle de vie aussi violemment, aussi

L'apothicaire

Ce mot d'origine latine signifie « boutiquier ». La possession d'une boutique distinguait en effet les apothicaires des charlatans qui officiaient dans les foires. Précurseurs des pharmaciens, les apothicaires préparaient pommades, sirops et décoctions à partir de plantes médicinales.

1. Habits déchirés et usés.
2. Plantes médicinales.
3. Boutique.
4. Récipients.
5. *Poison* et *potion* sont deux doublets, c'est-à-dire deux mots formés sur la même racine latine *potare* : « boire ».
6. Malheureux.
7. Ancienne monnaie d'or italienne frappée à l'effigie d'un duc, d'où son nom.

rapidement que la poudre enflammée jaillit du ventre du canon meurtrier.

L'APOTHICAIRE. – J'ai de ces poisons mortels. Mais la loi de Mantoue punit de mort celui qui les met en circulation.

ROMÉO. – Quoi ? Tu es dans la pauvreté, la misère, et tu as peur de mourir ? La faim est sur tes joues, ton regard crie famine, l'humiliation et la misère pendent à tes épaules. Ce monde ne t'est point ton ami, ni la loi de ce monde. Ce monde n'a pas de loi pour t'enrichir. Cesse d'être pauvre et prends ceci. *(Il lui montre sa bourse.)*

L'APOTHICAIRE. – Ma pauvreté consent, mais non ma volonté.

ROMÉO. – Je paie ta pauvreté, et non ta volonté.

L'APOTHICAIRE. – Mettez ceci dans le liquide que vous voudrez et avalez. Même si vous aviez la force de vingt hommes, ce poison vous expédierait[8] immédiatement.

ROMÉO, *lui jetant sa bourse.* – Voici ton or, funeste poison pour l'âme des hommes : il fait commettre plus de meurtres dans ce monde odieux que ces pauvres mixtures que tu n'as pas le droit de vendre. C'est moi qui te vends du poison, toi, tu ne m'en as pas vendu. Adieu, achète de quoi manger et fais-toi du lard[9]. *(Serrant la fiole que l'apothicaire lui a remise.)* Ceci, du poison ? Non ! Viens, cordial[10], viens avec moi au tombeau de Juliette. C'est là que tu dois me servir.

Ils se séparent.

8. Ferait mourir.
9. Engraisse.
10. Boisson fortifiante, stimulante.

Scène 2

La cellule de Frère Laurent.
Entre Frère Jean.

FRÈRE JEAN. – Saint frère franciscain[1], mon frère, holà !

FRÈRE LAURENT. – Ce doit être la voix de Frère Jean. Sois le bienvenu, toi qui reviens de Mantoue. Que dit Roméo ? A-t-il écrit ? Alors donne-moi sa lettre.

FRÈRE JEAN. – Parti à la recherche d'un frère déchaussé[2], qui devait m'accompagner, je l'ai trouvé ici, dans la cité, en train de visiter des malades, mais les inspecteurs de la ville nous ont découverts tous deux dans une maison qu'ils soupçonnaient d'être infectée par la peste. Ils en ont scellé les portes[3] et n'ont pas voulu nous laisser sortir. Voilà pourquoi mon départ pour Mantoue s'est arrêté là.

FRÈRE LAURENT. – Qui donc a porté ma lettre à Roméo ?

FRÈRE JEAN. – La voici. Je n'ai pas pu t'envoyer un messager pour te la rapporter, tant la contagion effrayait tout le monde.

FRÈRE LAURENT. – Malheureux événement ! Par mon saint ordre, ce n'était pas une lettre quelconque, c'était un message d'une haute importance et ce retard peut entraîner de grands malheurs. Frère Jean, va me chercher une barre de fer et apporte-la-moi sur-le-champ dans ma cellule.

FRÈRE JEAN. – Frère, je vais te l'apporter. *(Il sort.)*

FRÈRE LAURENT. – Maintenant, je dois me rendre seul au tombeau. Dans trois heures la belle Juliette s'éveillera. Elle me maudira parce que Roméo n'a pas été prévenu. Je vais récrire à Mantoue et je garderai Juliette dans ma cellule jusqu'à l'arrivée de Roméo. Pauvre cadavre vivant, enfermé dans le tombeau d'un mort !

Il sort.

1. L'ordre des franciscains a été créé par François d'Assise en 1210. Ces moines, qui ont fait vœu de pauvreté aident les mendiants, les lépreux.
2. Appartenant à un ordre mendiant et marchant pieds nus, pour bien marquer le respect du vœu de pauvreté.
3. Pour éviter la propagation de l'épidémie.

Vérone.
Un cimetière au milieu duquel s'élève le tombeau des Capulet.
Entre Pâris, suivi de son page qui porte une torche et des fleurs.

PÂRIS. – Donne-moi ta torche, mon garçon. Éloigne-toi et reste à l'écart. Non, éteins-la, car je ne veux pas être vu. Va te coucher sous ces ifs[4] là-bas, en appliquant ton oreille contre la terre. Aucun pied ne se posera sur le sol du cimetière, tant de fois amolli et creusé par la bêche du fossoyeur[5] sans que tu l'entendes. Tu siffleras pour m'avertir, si tu entends approcher quelqu'un. Donne-moi ces fleurs. Fais ce que je te dis. Va.

LE PAGE, *à part.* – J'ai presque peur de rester seul dans le cimetière. Pourtant je me risque à le faire.

Il se retire.

PÂRIS. – Douce fleur, je sème ces fleurs sur ton lit nuptial, dont le dais[6], hélas, est fait de poussière et de pierres. Je viendrai chaque nuit les arroser d'eau douce ou de larmes. Je veux célébrer tes funérailles en venant, chaque nuit, joncher[7] ta tombe et pleurer.

Lueur d'une torche et bruit de pas au loin. Le page siffle.

Le garçon m'avertit que quelqu'un approche. Quel est ce pas sacrilège[8] qui erre ici la nuit et trouble les rites de mon amour fidèle ? Quoi, une torche ? Nuit, cache-moi un instant.

Il se cache.

Entre Roméo, suivi de Balthazar qui porte une torche, une pioche et un levier.

ROMÉO. – Donne-moi cette pioche et cette barre d'acier. *(Remettant un papier à Balthazar.)* Tiens, prends cette lettre. Demain matin, de bonne heure, prends soin de la remettre à

4. Arbres très fréquents dans les cimetières.
5. Personne qui enterre les morts.
6. Dispositif fixé au-dessus d'un lit, pour faire tenir des voilages.
7. Couvrir de fleurs.
8. Qui ne respecte pas un lieu sacré.

mon seigneur et père. Donne-moi de la lumière. Sur ta vie, je t'ordonne de rester à l'écart et ne pas m'interrompre dans mes actes, quoi que tu voies ou entendes. Si je descends dans ce lit de mort, c'est pour contempler le visage de ma dame, mais surtout pour détacher de son doigt mort un anneau précieux, un anneau que je dois employer à un usage qui m'est cher. Donc éloigne-toi, va-t'en. Mais si, cédant au soupçon, tu oses revenir pour épier ce que je fais, par le Ciel, je te déchirerai morceau par morceau et je couvrirai de tes membres ce cimetière. Ma résolution[1], tout comme le moment, est féroce et folle : elle est plus terrible et plus inexorable[2] que le tigre à jeun ou la mer rugissante.

BALTHAZAR. – Je m'en vais, monsieur et je ne vous dérangerai pas.

ROMÉO. – C'est ainsi que tu me prouveras ton dévouement. *(Lui jetant sa bourse.)* Prends, vis et sois heureux. Adieu, brave garçon.

BALTHAZAR, *à part.* – Tout de même, je vais me cacher aux alentours : sa mine m'effraie, et ses intentions m'inquiètent.

Il se retire.

ROMÉO, *prenant la barre d'acier et allant au tombeau.* – Horrible gueule, ventre de la mort, repu[3] de ce que la terre a de plus précieux. Je parviendrai bien à ouvrir tes lèvres pourries et à te gaver d'une nouvelle proie ! *(Il enfonce la porte du monument.)*

PÂRIS. – C'est ce banni, ce Montaigu hautain qui a tué le cousin de ma bien-aimée. La belle enfant en est morte de chagrin, à ce qu'on suppose. Il vient ici pour faire quelque infâme outrage aux cadavres. Je vais l'arrêter. *(Il s'avance.)* Cesse ta besogne impie[4], vil Montaigu. La vengeance peut-elle se poursuivre au-delà de la mort ? Misérable condamné, je t'arrête. Obéis et viens avec moi car tu dois mourir.

1. Volonté.
2. Cruelle.
3. Gavé, rassasié.
4. Qui méprise ou insulte la religion.

Roméo. – Il le faut en effet, et c'est pour cela que je suis venu ici. Jeune homme, ne tente pas un désespéré, sauve-toi et laisse-moi. *(Montrant les tombeaux.)* Songe à tous ces morts et recule de frayeur. Je t'en supplie, jeune homme, ne charge pas ma tête d'un autre péché en déchaînant ma fureur. Va-t'en. Par le ciel, je t'aime plus que moi-même car je viens ici armé contre moi-même. Ne reste pas, va-t'en ; vis et plus tard dis que la pitié d'un furieux t'a forcé à fuir.

Pâris, *l'épée à la main.* – Je brave[5] ta pitié et je t'arrête ici comme félon[6].

Roméo. – Tu veux donc me provoquer ? Eh bien, en garde, enfant.

Ils se battent.

Le page. – Ô Ciel, ils se battent ! Je vais appeler le guet[7].

Il sort en courant.

Pâris, *tombant.* – Je suis touché à mort ! Si tu es généreux, ouvre le tombeau et dépose-moi près de Juliette. *(Il expire.)*

Roméo. – Sur ma foi, je le ferai. *(Se penchant sur le cadavre.)* Examinons cette figure : c'est un parent de Mercutio, le noble comte Pâris ! Que me disait mon valet quand nous étions à cheval ? Mon âme bouleversée n'y prêtait pas attention. Il me racontait, je crois, que Pâris devait épouser Juliette. M'a-t-il dit cela ou l'ai-je rêvé ? Ou, en l'entendant parler de Juliette, ai-je eu la folie de m'imaginer cela ? *(Prenant le cadavre par le bras.)* Oh ! Donne-moi ta main, toi que le destin au goût amer[8] a inscrit comme moi dans son livre. Je vais t'ensevelir dans un tombeau glorieux. Un tombeau, oh non ! Jeune victime, c'est une tourelle lumineuse, car Juliette y repose et sa beauté fait de ce tombeau une salle de fête illuminée. *(Il dépose Pâris dans le monument.)* Mort, repose ici, enterré par un mort. Que de fois

5. Défie.
6. Traître.
7. Membres de la police chargés de la surveillance nocturne d'une ville.
8. Le dur malheur.

les hommes à l'agonie éprouvent de la joie ! Un éclair avant la mort, comme disent ceux qui les veillent. Ah ! Comment comparer ceci à un éclair ? *(Contemplant le corps de Juliette.)* Mon amour, ma femme ! La mort qui a sucé le miel de ton haleine n'a pas encore eu de prise sur ta beauté : elle ne t'a pas conquise. L'étendard[1] de la beauté est encore tout cramoisi[2] sur tes lèvres, tes joues et le pâle drapeau de la mort ne s'y est pas encore déployé. *(Allant à un autre cercueil.)* Tybalt ! Te voilà donc couché dans ton linceul sanglant ! Oh, que puis-je faire de plus pour toi ? Cette même main qui faucha ta jeunesse va abattre celle de ton ennemi. Pardonne-moi, cousin. *(Revenant sur ses pas.)* Chère Juliette, pourquoi es-tu si belle encore ? Dois-je croire que le spectre de la Mort est amoureux et que l'affreux monstre décharné te garde ici dans les ténèbres pour être ton amant ? Je demeurerai près de toi et ne sortirai plus de ce sinistre palais de la nuit. Ici, ici, je veux rester avec les vers, tes valets de chambre. C'est ici que je veux fixer mon éternelle demeure et soustraire ma chair lasse[3] du monde à l'emprise[4] des étoiles ennemies[5]… *(Tenant le corps embrassé.)* Un dernier regard, mes yeux ! Mes bras, une dernière étreinte ! Et vous, lèvres, vous, portes de l'haleine, scellez par un baiser légitime[6] un contrat éternel avec la mort avide ! *(Saisissant le flacon.)* Viens, amer conducteur, viens, âcre[7] guide, pilote désespéré, vite ! Lance sur les écueils ma barque épuisée par la tourmente. Je bois à ma bien-aimée. *(Il boit le poison.)* L'apothicaire ne m'a pas trompé : sa drogue est foudroyante. Je meurs ainsi… dans un baiser ! *(Il expire en embrassant Juliette.)*

Frère Laurent paraît à l'autre extrémité du cimetière, avec une lanterne, une barre de fer et une bêche.

1. Le drapeau.
2. Rouge.
3. Fatiguée.
4. Au pouvoir.
5. Voir le prologue de l'acte I, p. 17.
6. Puisqu'il est l'époux de Juliette.
7. Amer.

Frère Laurent. – Que saint François me vienne en aide ! Que de fois cette nuit mes vieux pieds ont trébuché sur des tombes ! *(Il rencontre Balthazar étendu à terre.)* Qui est là ?

Balthazar, *se relevant.* – Un ami qui vous connaît bien.

Frère Laurent, *montrant le tombeau des Capulet.* – Sois béni ! Dis-moi, mon bon ami, quelle est cette torche là-bas qui donne inutilement sa lumière à des larves[8] et à des crânes sans yeux ? Il me semble qu'elle brûle dans le monument des Capulet.

Balthazar. – En effet, saint prêtre. Il y a là mon maître que vous aimez.

Frère Laurent. – Qui donc ?

Balthazar. – Roméo.

Frère Laurent. – Depuis combien de temps est-il là ?

Balthazar. – Une bonne demi-heure.

Frère Laurent. – Viens avec moi au caveau.

Balthazar. – Je n'ose pas, mon père. Mon maître croit que je suis parti et il m'a menacé de mort si je restais pour épier ses actes.

Laurent. – Reste donc, j'irai seul. L'inquiétude me prend. Je crains fort quelque malheur.

Balthazar. – Comme je dormais ici sous cet if, j'ai rêvé que mon maître se battait avec un autre homme et que mon maître le tuait.

Frère Laurent, *allant vers le tombeau.* – Roméo ! *(Dirigeant la lumière de sa lanterne sur l'entrée du tombeau.)* Hélas ! Hélas ! Quel est ce sang qui tache le seuil[9] de pierre de ce tombeau ? Pourquoi ces épées abandonnées et sanglantes dans ce lieu de paix ? *(Il entre dans le monument.)* Roméo ! Qu'il est pâle ! Quel est cet autre ? Quoi, Pâris aussi ? Baigné dans son sang ? Ah ! Quelle heure cruelle est coupable de cette lamentable catastrophe ? *(Éclairant Juliette).* Elle bouge !

8. Vers.
9. L'entrée.

Juliette s'éveille et se soulève.

JULIETTE. – Ô frère charitable, où est mon seigneur ? Je me souviens bien du lieu où je dois être. M'y voici. Mais où est Roméo ? *(Rumeur au loin.)*

FRÈRE LAURENT. – J'entends du bruit. Ma fille, quitte ce nid de mort, de contagion, de sommeil contre nature. Un pouvoir plus fort que nous a déjoué nos plans. Viens, viens, partons. Ton mari est là, contre toi, mort, et Pâris aussi. Viens, je te placerai dans une communauté de religieuses. Pas de questions ! Le guet arrive. Allons, viens, chère Juliette. *(La rumeur se rapproche.)* Je n'ose rester plus longtemps.

Il sort du tombeau et disparaît.

JULIETTE. – Va, sors d'ici car je ne m'en irai pas, moi. Qu'est ceci ? Une coupe que serre la main de mon tendre amour ? Le poison, je le vois, a causé sa fin prématurée. L'égoïste ! Il a tout bu et ne m'a pas laissé une seule goutte pour m'aider à le rejoindre. Je veux embrasser tes lèvres. Peut-être y trouverai-je un reste de poison qui me fera mourir. *(Elle l'embrasse.)* Tes lèvres sont chaudes !

PREMIER GARDE, *derrière le théâtre.* – Conduis-nous, page. De quel côté ?

JULIETTE. – Du bruit ! Dépêchons-nous. *(Saisissant le poignard de Roméo.)* Ô heureux poignard ! Voici ton fourreau[1]. *(Elle se frappe.)* Rouille-toi là et laisse-moi mourir !

Elle tombe sur le corps de Roméo et expire.
Entre le guet, conduit par le page de Pâris.

LE PAGE, *montrant le tombeau.* – Voilà l'endroit, là où la torche brûle.

1. C'est le corps de Juliette qui servira d'étui au poignard.

Premier garde, *à l'entrée du tombeau.* – Le sol est sanglant. Fouillez le cimetière. Arrêtez ceux que vous trouverez. *(Des gardes sortent.)* Triste vision ! Voici le comte assassiné et Juliette en sang, chaude encore, à peine morte, elle qui était enterrée depuis deux jours ! Allez prévenir le Prince, courez chez les Capulet, réveillez les Montaigu. Que d'autres continuent les recherches. *(D'autres gardes sortent.)* Voici le lieu où sont entassés tous ces malheureux, mais il faut une enquête pour découvrir les causes profondes de ces désastres lamentables.

Entrent quelques gardes, ramenant Balthazar.

Deuxième garde. – Voici le valet de Roméo, nous l'avons trouvé dans le cimetière.

Premier garde. – Tenez-le sous bonne garde jusqu'à l'arrivée du Prince.

Entre un garde, ramenant Frère Laurent.

Troisième garde. – Voici un moine qui tremble, soupire et pleure. Nous lui avons pris cette barre de fer et cette bêche, alors qu'il venait de ce côté du cimetière.

Premier garde. – Comportement suspect ! Arrêtez aussi ce moine.

Le jour commence à poindre. Entrent le Prince et sa suite.

Le Prince. – Quel malheur matinal nous[2] arrache à notre repos ?

Entrent Capulet, lady Capulet et leur suite.

Capulet. – Pourquoi ces clameurs qui retentissent partout ?

Lady Capulet. – Le peuple dans les rues crie : « Roméo ! », « Juliette ! », « Pâris ! » et tous accourent vers notre tombeau.

Le Prince. – D'où vient cette épouvante qui frappe nos oreilles ?

2. Le pronom *nous* désigne un pluriel de majesté.

Premier garde, *montrant les cadavres.* – Prince, voici le comte Pâris assassiné ; voici Roméo mort ; voici Juliette, la morte qu'on pleurait, chaude encore et tout récemment tuée.

Le Prince. – Cherchez, fouillez partout et sachez comment s'est fait cet horrible massacre.

Premier garde. – Voici un moine et le valet du défunt Roméo avec les instruments nécessaires pour ouvrir la tombe de ces morts.

Capulet. – Ô Ciel ! Voyez donc, femme, notre fille est en sang ! Ce poignard s'est trompé car son fourreau est vide au flanc de Montaigu et il s'est enfoncé par erreur dans la poitrine de ma fille.

Lady Capulet. – Mon Dieu ! Cette vision de mort est le glas qui appelle ma vieillesse au tombeau.

Entrent Montaigu et sa suite.

Le Prince. – Approche, Montaigu. Tu t'es levé à l'aurore pour voir ton fils, ton héritier mort avant l'heure.

Montaigu. – Hélas, sire ! Ma femme est décédée cette nuit. L'exil de son fils a arrêté son souffle. Quel nouveau malheur conspire contre moi ?

Le Prince, *montrant le tombeau.* – Regarde et tu verras.

Montaigu, *reconnaissant Roméo.* – Malappris ! Comment oses-tu précéder ton père dans la tombe ?

Le Prince. – Arrêtez vos imprécations[1], jusqu'à ce que nous puissions éclaircir ces mystères, en connaître la source, la cause et l'enchaînement. C'est moi qui mènerai votre deuil et je le conduirai, s'il le faut, jusqu'à la mort. En attendant, contenez-vous et que le désespoir soit l'esclave de la patience[2]... Faites venir les suspects.

Les gardes amènent Frère Laurent et Balthazar.

2. Pour faire passer l'enquête avant les sentiments.
1. Malédictions.

Frère Laurent. – Bien que je sois le moins capable d'un crime, c'est moi qui suis le plus suspect, puisque l'heure et le lieu s'accordent à me rendre responsable de cet horrible meurtre. Me voici, prêt à m'accuser et à me défendre, moi-même absous[3] et moi-même condamné.

Le Prince. – Dis vite ce que tu sais.

Frère Laurent. – Je serai bref, car le peu de souffle qui me reste ne suffirait pas à un long récit. Roméo, ici mort, était l'époux de Juliette et Juliette, ici morte, était la femme fidèle de Roméo. Je les avais mariés. Le jour de leur mariage secret fut le dernier jour de Tybalt, dont la mort prématurée proscrivit[4] de cette cité le nouvel époux. C'était lui, et non Tybalt, que pleurait Juliette. *(À Capulet.)* Vous, pour chasser la douleur qui assiégeait votre fille, vous l'avez fiancée et vous vouliez la marier de force au comte Pâris. Alors, elle est venue à moi, et, d'un air affolé, elle m'a dit de trouver un moyen pour la soustraire à ce second mariage, sinon elle voulait se tuer dans ma cellule. Instruit par mon art, je lui ai remis un narcotique[5] qui a agi, comme je m'y attendais, en lui donnant l'apparence de la mort. Entre-temps, j'ai écrit à Roméo de venir cette nuit fatale pour aider Juliette à sortir de sa fausse tombe, au moment où l'effet du breuvage cesserait. Mais celui qui était chargé de ma lettre, Frère Jean, a été retenu par un accident[6] et me l'a rapportée hier soir. Alors, tout seul, à l'heure fixée pour le réveil de Juliette, je me suis rendu au caveau des Capulet, dans l'intention de l'emmener et de la recueillir dans ma cellule jusqu'à ce qu'il me soit possible de prévenir Roméo. Quand je suis arrivé quelques minutes avant le moment de son réveil, j'ai trouvé ici le noble Pâris et le fidèle Roméo prématurément couchés dans la tombe. Juliette s'éveille, je la conjure de partir et de supporter ce coup du Ciel avec patience. Un bruit alarmant m'a chassé de la tombe ;

3. Pardonné.
4. Bannit.
5. Drogue pour dormir, somnifère.
6. Hasard malheureux.

Juliette, désespérée, a refusé de me suivre et c'est sans doute alors qu'elle s'est tuée elle-même. Voilà tout ce que je sais. La nourrice est dans le secret de ce mariage. Si quelque malheur est arrivé par ma faute, sacrifiez ma vieille vie, quelques heures avant sa fin, aux rigueurs des lois les plus sévères.

Le Prince. – Nous t'avons toujours considéré comme un saint homme. Où est le valet de Roméo ? Qu'a-t-il à dire ?

Balthazar. – J'ai porté à mon maître la nouvelle de la mort de Juliette. Aussitôt, en hâte, il a quitté Mantoue pour venir dans ce cimetière, à ce monument. Là, il m'a chargé de remettre de bonne heure à son père la lettre que voici et entrant dans le caveau, m'a ordonné sous peine de mort de partir et de le laisser seul.

Le Prince, *prenant le papier que tient Balthazar.* – Donne-moi cette lettre, je veux la voir. Où est le page du comte, celui qui a appelé le guet ? Gamin, que faisait ton maître ici ?

Le page. – Il est venu jeter des fleurs sur le tombeau de sa fiancée et m'a dit de me tenir à l'écart, ce que j'ai fait. Bientôt un homme avec une lumière est arrivé pour ouvrir la tombe. Quelques instants après, mon maître a tiré l'épée contre lui. C'est alors que j'ai couru appeler le guet.

Le Prince, *jetant les yeux sur la lettre.* – Cette lettre confirme les paroles du moine. Voilà tout le récit de leurs amours. Il a appris qu'elle était morte. Aussitôt, écrit-il, il a acheté du poison chez un pauvre apothicaire et sur-le-champ s'est rendu dans ce caveau pour y mourir et reposer près de Juliette. *(Regardant autour de lui.)* Où sont-ils, ces ennemis ? Capulet ! Montaigu ! Voyez par quel fléau[1] le ciel châtie[2] votre haine. Pour tuer vos joies, il se sert de l'amour. Et moi, pour avoir fermé les yeux sur vos discordes[3], j'ai perdu deux parents. Nous sommes tous punis.

1. Calamité.
2. Punit.
3. Désaccords.

Capulet. – Ô Montaigu, mon frère, donne-moi la main. *(Il serre la main de Montaigu.)* Ce sera le douaire[4] de ma fille. Je ne demande pas plus.

Montaigu. – Mais moi, je te donne plus encore. Je veux dresser une statue de ta fille en or pur. Tant que Vérone gardera son nom, il n'existera pas de figure plus honorée que celle de la loyale et fidèle Juliette.

Capulet. – Je veux que Roméo soit auprès de sa femme dans la même splendeur, pauvres victimes de nos haines !

Le Prince. – Cette matinée nous apporte une paix sinistre. Le soleil se voile la face de douleur. Partons pour parler encore de ces tristes événements. Certains seront pardonnés et d'autres punis, car jamais aventure ne fut plus douloureuse que celle de Juliette et de son Roméo.

Tous sortent.

4. La dot, somme d'argent offerte par la père de la mariée à la famille de l'époux le jour du mariage.

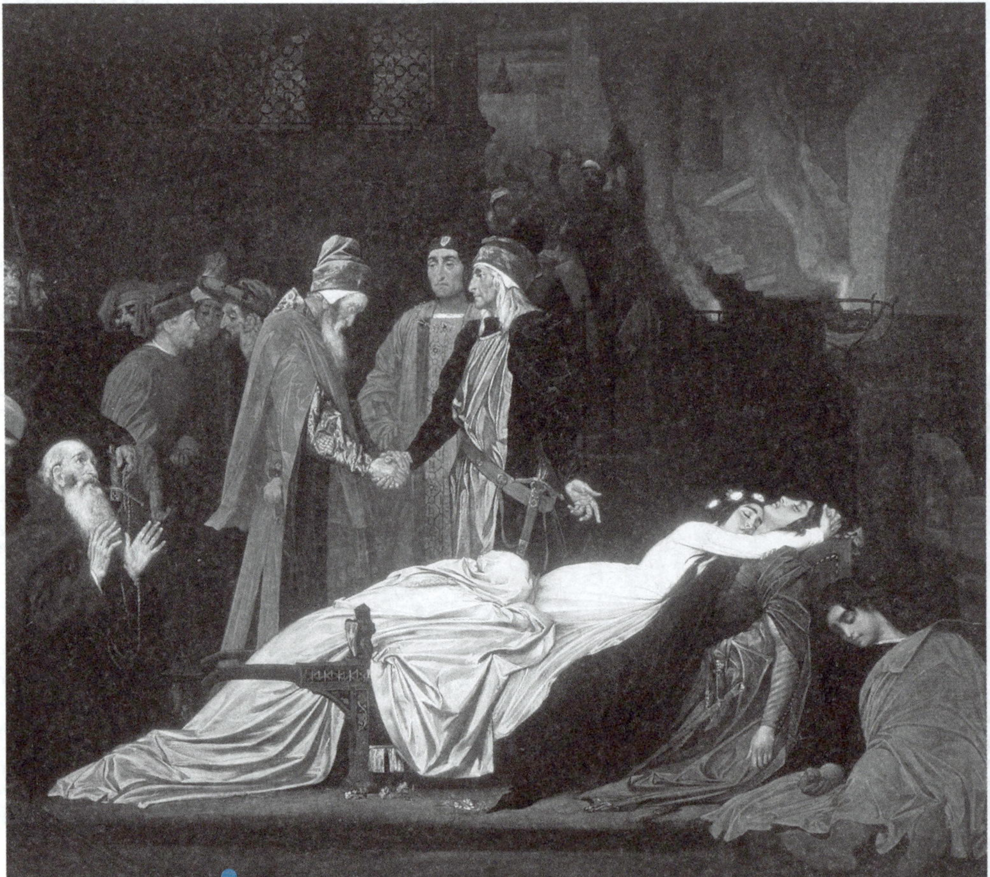

Frederic Leighton (1830-1896), *La Réconciliation des Montaigu et des Capulet devant les corps de Roméo et Juliette*, huile sur toile, coll. privée.

Pause lecture 5

ACTE V

Un dénouement tragique

Une précipitation funeste scène 1, p. 139 à 141

Avez-vous bien lu ?

Pour Roméo, quel est le poison le plus funeste ?

❏ L'or.

❏ L'amour.

❏ La drogue remise par l'apothicaire.

Les illusions de Roméo

1 Au début de la scène 1, pourquoi Roméo est-il aussi heureux ? Quels mots montrent que ce bonheur est cependant fragile ?

2 Comment l'impatience de Roméo se traduit-elle dans les questions qu'il pose à Balthazar (l. 14 à 16) ?

Le messager du malheur

3 Expliquez la réponse de Balthazar concernant Juliette : « Elle va bien » (l. 18). Est elle acceptable pour Roméo ?

4 Par quel verbe Balthazar prouve-t-il la vérité de ce qu'il annonce à Roméo ?

La décision de Roméo

5 Quel intérêt présentent le portrait de l'apothicaire et la description de sa boutique (l. 35 à 44) ?

6 Pourquoi l'apothicaire hésite-t-il à vendre du poison à Roméo ? Quels arguments utilise ce dernier pour le convaincre ? Quelle décision a-t-il prise ?

Un contretemps désastreux scène 2, p. 142

Avez-vous bien lu ?

Pourquoi la lettre de Frère Laurent n'est-elle pas parvenue à Roméo ?

- ❑ Frère Jean l'a égarée.
- ❑ Frère Jean n'a pas pu partir à Mantoue à cause d'une épidémie de peste.
- ❑ Frère Jean a confié la lettre à un moine qui est tombé malade.

Images de Vérone

1 Quels renseignements cette scène donne-t-elle sur les fonctions des moines à cette époque ?

2 Comment réagissent les autorités de la cité pour combattre l'épidémie ?

Le plan de Frère Laurent

3 Par quels procédés d'écriture est exprimée l'impatience de Frère Laurent ?

4 Relevez les expressions qui désignent la lettre. Quelle idée soulignent-elles ?

5 Pourquoi Frère Laurent a-t-il besoin d'une barre de fer ?

6 Le projet de Frère Laurent vous paraît-il réalisable ? Comment désigne-t-il Juliette dans sa dernière réplique ? Quel est le nom de cette figure de style ?

La mort des amants scène 3, p. 143 à 153

Avez-vous bien lu ?

Comment la pièce se termine-t-elle ?

- ❑ Pâris tue Roméo et se suicide sur le cadavre de Juliette.
- ❑ Roméo tue Pâris et s'empoisonne sur le cadavre de Juliette.
- ❑ Roméo tue Pâris, s'empoisonne et Juliette se poignarde.

Le dernier duel (l. 123 à 185)

1 Pour quelles raisons Pâris et Roméo viennent-ils sur la tombe de Juliette ? Éprouvent-ils les mêmes sentiments ? Justifiez votre réponse par des citations.

2 Par quels termes Pâris désigne-t-il Roméo ? Comment Roméo interpelle-t-il Pâris ? À quel moment le reconnaît-il ? Pourquoi se battent-ils finalement ?

Unis dans la mort (l. 186 à 284)

3 Montrez comment, dans la tirade de Roméo (l. 186 à 226), amour et mort sont étroitement liés.

4 Comparez les dernières paroles de Juliette (l. 281 à 283) à celles de Roméo. Quelle conclusion tirez-vous de ce rapprochement ?

L'ordre retrouvé dans la cité (l. 285 à 421)

5 Des lignes 286 à 350, relevez toutes les expressions utilisées par les différents personnages pour qualifier ce qu'ils voient et entendent. À quoi sert la tirade de Frère Laurent (l. 351 à 380) ?

6 Que décident les deux pères ? Pourquoi le Prince a-t-il le dernier mot ? À quel passage de la pièce renvoie la dernière réplique ?

Vers l'expression

Vocabulaire

1. *Poison* et *potion* sont des doublets (reportez-vous à la note 5, p. 140). Grâce à un dictionnaire, si possible étymologique, trouvez les doublets des noms suivants ; certains sont éloignés par le sens.
Hôtel – gourde – orteil – verre – chenille.

2. « Pour avoir fermé les yeux sur vos discordes » (l. 403-404, p. 152).
a. Que signifie cette expression ?
b. Recopiez et complétez les phrases suivantes avec des expressions contenant les mots *œil* ou *yeux*.
- J'ai très mal dormi ; je n'ai pas ....
- Cet objet est très cher ; il coûte ....
- Mon frère est très observateur : il n'a pas les ....
- J'ai tout perdu ; je n'ai plus que ....

À vous de jouer

Rédigez un devoir de réflexion

Capulet affirme que Roméo et Juliette « sont victimes de la haine de leurs pères ». Cette affirmation est-elle suffisante pour rendre compte du tragique de la pièce ? Vous développerez votre argumentation en deux paragraphes commençant par : *Certes...* et *Mais...*

Du texte à l'image

Observez la photographie → voir dossier images p. IV

Roméo et Juliette, ballet d'après William Shakespeare, chorégraphie de Rudolf Noureev, juin 2001, avec Nicolas Le Riche et Fanny Gaida.

1. Quel moment précis de la pièce illustre cette photo du ballet *Roméo et Juliette* ?
2. Décrivez l'attitude de Juliette. Est-elle conforme au passage correspondant de la pièce ?
3. Quelles sont les couleurs dominantes ? Quelles valeurs symboliques peut-on leur attribuer ?
4. Quels éléments du décor sont mis en valeur ?
5. Quel est le rôle de l'éclairage ?

Vers le brevet

Acte IV, scène 1, l. 50 à 117, p. 118 à 120

Questions (15 points)

I. Le désespoir de Juliette (6 points)

1 Pourquoi Juliette est-elle si pressée de voir Frère Laurent ? Justifiez votre réponse. (2 points)

2 « Il me tarde de mourir si tes paroles ne me donnent pas de solution. » (l. 67-68)

a. Donnez la classe et la fonction de chacune des propositions de cette phrase. (1 point)

b. Relevez une autre phrase construite de la même façon. (1 point)

3 Dans la réplique de Juliette (l. 77 à 87)

a. Quel est le mode verbal dominant ? (1 point)

b. Justifiez l'emploi de ce mode. (1 point)

II. Le plan audacieux de Frère Laurent (6 points)

4 Dans le discours du moine (l. 88 à 111), relevez quatre comparaisons. Dans quel but sont-elles employées ? (2 points)

5 « Roméo, **mis au courant de notre plan par une lettre**, arrivera » (l. 106-107). Récrivez la phrase en remplaçant le groupe de mots en gras par une proposition subordonnée dont vous donnerez la fonction. (2 points)

6 Des lignes 92 à 109, quel est le temps dominant ? Pourquoi ? (1 point)

7 **a.** Quel est l'antonyme (contraire) de *déshonneur* (l. 109) ? (0,5 point)

b. Trouvez un mot formé avec le même préfixe. (0,5 point)

La décision de Juliette (3 points)

8 Comment Juliette montre-t-elle à Frère Laurent qu'elle est prête à tout pour ne pas épouser Pâris ? (1 point)

9 Citez un autre exemple où un personnage de roman, de nouvelle ou de film est amené à prendre une décision qui va changer le cours de sa vie. (2 points)

Réécriture (5 points)

a. Mettez les verbes des lignes 91 à 94 au passé composé. (2 points)

b. Dans les lignes 77 à 80, remplacez l'expression *ordonne-moi* par *sur ton ordre* et réécrivez les phrases en effectuant les transformations nécessaires. (3 points)

Rédactions au choix (15 points)

Sujet d'imagination

Frère Laurent, resté seul, se demande s'il a eu raison d'aider ainsi Juliette. Écrivez un monologue théâtral dans lequel le moine évoquera les raisons qui l'ont poussé à proposer ce plan, mais aussi les dangers encourus.

Sujet de réflexion

Comme Juliette, faut-il parfois accepter de prendre des risques pour réussir ou est-il préférable de les refuser systématiquement ? Vous appuierez votre réflexion sur des exemples personnels ou des situations tirées de vos lectures ou de films.

Après la lecture

Genre

Le drame élisabéthain

Thème

Amour et mort

Genre

Le drame élisabéthain

◆ Les théâtres

Pendant le règne d'Elisabeth Ire, le théâtre a connu un **extraordinaire rayonnement**. En 1600, il y avait à Londres cinq théâtres, dont les plus célèbres étaient *The Theatre* et *The Globe*. Leur public était composé d'aristocrates et de gens du peuple. C'est à ce **public mêlé** que s'adressent les pièces de Shakespeare.

Les salles ne ressemblaient pas à celles que nous connaissons : la scène était très large, construite en avancée et surélevée. En arrière se dressait une tour avec une pièce pour ranger accessoires et costumes où les comédiens se préparaient (voir schéma, p. 14). La salle de spectacle était en partie **à ciel ouvert** et entourée de **galeries couvertes**. Cette disposition permettait des effets de mise en scène, comme pour la scène du balcon dans *Roméo et Juliette*, par exemple. Il n'y avait **pas de rideau**.

> *« Un public d'aristocrates et de gens du peuple »*

◆ Auteurs et acteurs

Les acteurs étaient regroupés en **compagnies**, protégées par un grand personnage : on parlait ainsi des « hommes du Lord Chambellan » ou des « hommes de la Reine ». Les acteurs étaient payés en fonction des recettes ; ils étaient assurés d'avoir de meilleurs revenus que les écrivains qui recevaient une somme fixe pour un manuscrit. Le texte appartenait ensuite à la troupe et non plus à l'auteur. Les **rôles féminins** étaient joués par de **jeunes garçons**. C'était la coutume dans tout le nord de l'Europe, contrairement à ce qui se passait en Espagne, en France ou en Italie. Les femmes pourront jouer des rôles féminins sur les scènes anglaises à partir de 1660 seulement.

Les Puritains, des protestants très rigoristes, jugeaient les travestissements des acteurs contraires à la morale et ils obtinrent du Parlement, en 1642, la **fermeture des théâtres**, qui ne rouvrirent qu'en 1660.

◆ Les représentations

Elles étaient annoncées par des distributions de tracts dans toute la ville. Elles avaient lieu **vers 14 h** ; leur début était signalé par des **trompettes**. La place de parterre (spectateurs debout et en plein vent) coûtait un penny ; une place assise et à couvert valait deux pence (trois, si l'on voulait un coussin). On pouvait acheter des fruits à grignoter pendant le spectacle, qui se transformaient en projectiles si la pièce ne plaisait pas.

Il n'y avait **pas de décor**, celui-ci était suggéré par les répliques des acteurs et l'imagination du public faisait le reste. Les costumes étaient somptueux. Le **réalisme** intervenait dans la représentation de la **violence** : le sang était répandu grâce à des vessies de porc remplies de sang animal.

« Un spectacle total »

On aimait les **effets spectaculaires** : les bagarres, les scènes de bal avec de nombreux figurants, comme dans *Roméo et Juliette*. Les pièces pouvaient être très **longues** et se déroulaient **sans entractes**.

◆ Un théâtre en liberté

La division en actes et en scènes n'existait pas. Elle a été instaurée au moment de la publication des œuvres complètes de Shakespeare après sa mort.

Dans le théâtre élisabéthain, on **ignore les unités de temps, de lieu et même d'action**. La mort est représentée sur scène. Le mélange des genres est constant : les personnages comiques et tragiques coexistent. La tension tragique est ainsi soulagée par le rire. Les textes s'adressent en même temps à ce qu'il y a de plus noble et de plus commun en chaque être humain. Voilà pourquoi les pièces de Shakespeare nous touchent encore aujourd'hui.

Thème

Amour et mort

◆ La passion amoureuse, une force destructrice

Dès l'Antiquité, **Ovide**, dans les *Métamorphoses* (Ier siècle), lie amour et mort. À Babylone, Pyrame et Thisbé s'aiment malgré l'opposition de leurs familles. Las de se voir en cachette, ils décident de fuir. Arrivée la première au lieu du rendez-vous, Thisbé voit surgir une lionne, la gueule pleine du sang de ses proies. Terrifiée, la jeune fille s'enfuit, laissant son écharpe, que le fauve piétine. À son arrivée, Pyrame, découvrant le vêtement ensanglanté, croit la jeune fille morte et, désespéré, se poignarde. Revenue sur ses pas, Thisbé aperçoit le cadavre de son amant et se tue à son tour.

> « *Des drames depuis l'Antiquité* »

Au Moyen Âge, les différentes versions de la légende de **Tristan et Iseut** (XIIe siècle) soulignent la force irrésistible de leur passion symbolisée par un philtre bu par erreur. Tristan séduit la reine Iseut, bafouant les lois féodales qui lui imposent la loyauté à l'égard du roi Marc, son oncle et suzerain. Blessé et banni, croyant qu'Iseut ne viendra pas l'assister dans ses derniers instants, Tristan se laisse mourir et quand Iseut, enfin arrivée, découvre son amant mort, elle rend son dernier souffle près de lui.

Boccace, dans le *Décaméron* (XIVe siècle), écrit une nouvelle qui constitue une des sources de *Roméo et Juliette* (voir p. 171 à 177).

Enfin, au XIXe siècle, **V. Hugo**, dans *Hernani* (1830), s'inspire de la liberté du théâtre élisabéthain et crée un genre nouveau, le drame romantique, qui reprend le thème de l'union dans la mort dans *Hernani*. Trois hommes aiment Dona Sol : un roi, Don Carlos ; son vieux tuteur, Don Ruy et Hernani, le rebelle proscrit par le roi. C'est Hernani qu'aime la jeune fille et cette passion est partagée. Mais au soir de leur mariage, ils sont contraints au suicide par un serment maléfique.

◆ Tragique et passion dans *Roméo et Juliette*

L'amour de Roméo et de Juliette est voué au malheur parce qu'ils appartiennent à des **familles ennemies**, comme le rappelle le premier prologue. Le père de Juliette lui choisit un époux qu'elle n'aime pas : le ressort de bien des comédies devient ici un des éléments du tragique.

Mais les jeunes héros sont aussi les jouets de circonstances malheureuses. D'abord, le caractère emporté de Mercutio et de Tybalt et leur sens de l'honneur déchaînent la violence et font de **Roméo un meurtrier et un banni**. Ensuite, une succession d'événements provoque malentendus et désespoir : **la peste** à Vérone empêche la lettre de Frère Laurent de parvenir à Roméo. Celui-ci décide de mourir puisqu'il ignore le stratagème du moine et croit Juliette morte.

Mais tous ces éléments sont l'effet de « cette mauvaise étoile » dont parle le prologue et qui mène les amants à leur perte. Le **destin** prend l'aspect de la roue de la Fortune qui conduit les hommes au sommet du bonheur puis à leur **chute inévitable**. Son action malfaisante cause la perte de deux héros innocents qui auront cependant vécu la soudaine explosion de leur passion et sa consumation dans la mort. Mais la beauté, la poésie et la puissance de leurs sentiments demeurent à jamais et leur sacrifice rétablit la paix à Vérone.

> « *Une mauvaise étoile pour les amants* »

L'alliance entre amour et mort, au centre du drame de Shakespeare et plus généralement des tragédies, est évoquée de manière imagée par le poète Jacques Prévert dans *Histoires* : « La vie est une cerise, la mort est un noyau. L'amour est un cerisier ». ■

Autre lecture

Boccace

Nouvelle extraite du *Décaméron*
XIVe siècle

Une autre passion malheureuse...

Qui est Boccace ?

Boccace (1313-1375)

Né à Florence, Boccace est considéré comme le créateur de la prose italienne. En 1348, la peste noire ravage l'Europe. Boccace assiste à la mort de centaines de ses concitoyens. Il décide alors d'écrire un recueil de nouvelles : il imagine dix personnes, qui se réfugient à la campagne pour échapper à l'épidémie. Là, chacun raconte une histoire par jour, pendant dix jours. C'est ainsi qu'est né le *Décaméron* (mot grec qui signifie « dix jours »).

Pamphile libéré de sa nouvelle[1], le roi, sans montrer la moindre compassion pour Andreuola[2], regarda Émilia et lui fit signe qu'il lui serait agréable qu'elle succède à ceux qui avaient déjà parlé. Celle-ci, sans mettre aucun retard, commença :

« Chères compagnes, la nouvelle de Pamphile m'amène à en dire une tout à fait semblable à la sienne sauf un point : de même qu'Andreuola perdit son amant dans un jardin, ainsi arriva-t-il à celle dont je dois vous conter l'histoire. Emprisonnée comme Andreuola, elle se délivra de ses juges non par sa force et son courage, mais par une mort soudaine. Et comme il a déjà été dit entre nous, bien qu'Amour habite volontiers les demeures des nobles, il ne refuse pas de séjourner dans celles des pauvres. Au contraire, il y manifeste parfois sa force, tout comme il se fait craindre dans les plus riches en maître souverain. C'est ce qui se verra, sinon entièrement, du moins en grande partie, dans ma nouvelle, grâce à laquelle il me plaît de revenir à notre cité[3] dont nous nous sommes tant éloignés aujourd'hui pour traiter des sujets variés et parcourir diverses contrées du monde.

« Récemment vivait à Florence une jeune fille très belle et très gracieuse pour sa condition (car elle était née d'un père pauvre) et qui avait comme nom Simone. Bien qu'il lui faille gagner de ses propres mains le pain qu'elle mangeait et vivre en filant de la laine, elle n'était cependant point d'un esprit si bas, qu'elle ne brûle de recevoir en son cœur Amour qui, sous les traits et par les paroles aimables d'un jeune garçon d'aussi petite[4] condition qu'elle et

1. Pamphile vient de terminer son histoire.
2. Héroïne malheureuse de la nouvelle de Pamphile.
3. Florence.
4. Modeste.

chargé de porter de la laine à filer pour le compte de son maître, montrait depuis longtemps bonne envie d'y entrer.

L'ayant donc reçu sous l'aspect charmant du jeune garçon qui l'aimait, et dont le nom était Pasquino, désirant mais n'osant pas aller plus loin, elle filait, et à chaque tour de laine filée qu'elle enroulait autour de son fuseau, elle poussait mille soupirs plus cuisants que du feu au souvenir de celui qui la lui avait donnée à filer.

Le jeune garçon, de son côté, désireux que la laine de son maître soit bien filée, surveillait plus spécialement, et même uniquement celle que filait Simone, comme si elle devait seule servir au tissage. L'un surveillant et l'autre contente d'être surveillée, il advint que, le premier avec plus d'audace qu'il n'en avait d'habitude, la seconde chassant la crainte et la honte qui lui étaient naturelles, ils s'unirent en des plaisirs communs. Ces plaisirs leur plurent tant qu'ils n'attendaient pas que l'un y soit invité par l'autre, mais tous deux s'y conviaient mutuellement.

« Leur bonheur se continuait ainsi et ne faisait que s'augmenter de jour en jour. Il arriva que Pasquino dise à Simone qu'il voulait absolument qu'elle trouve moyen de venir dans un jardin où il désirait la conduire, pour qu'ils puissent s'y voir plus à l'aise[1] et plus sûrement. Simone accepta, et, un dimanche, après le repas, faisant croire à son père qu'elle avait l'intention d'aller au pardon de San Gallo[2], elle se rendit, avec une de ses compagnes nommée Lagina, au jardin que lui avait indiqué Pasquino. Elle l'y trouva accompagné d'un de ses camarades nommé Puccino, mais qu'on appelait Stramba. Au premier baiser entre Stramba et Lagina, Simone et

1. Facilement.
2. Fête religieuse.

Pasquino s'enfoncèrent dans une partie du jardin pour s'y livrer à leurs plaisirs, et laissèrent les deux compagnons dans l'autre.

« Il y avait dans la partie du jardin où Pasquino et Simone s'étaient retirés, un grand et beau buisson de sauge, au pied duquel ils s'assirent. Après s'être longuement satisfaits tous les deux et avoir beaucoup causé d'un goûter qu'ils avaient l'intention de faire dans ce même jardin, Pasquino se tourna vers le buisson de sauge[3], y cueillit une feuille et se mit à s'en frotter les dents et les gencives,

3. Plante aromatique.

Couple d'amants, miniature du *Roman de la rose* (1210-1240), de Jean de Meung (1240-1305), bibliothèque Sainte-Geneviève, Paris.

en disant que la sauge les lui nettoyait parfaitement de tout ce qui était resté après avoir mangé. Quand il les eut frottées quelque temps, il se remit à parler du goûter dont il avait été question auparavant. Mais à peine avait-il prononcé quelques mots, qu'il commença à changer de visage, et presque aussitôt, perdant la vue et la parole, il tomba mort.

Simone se mit alors à se lamenter, à crier, et à appeler Stramba et Lagina. Ceux-ci vinrent en toute hâte. Voyant Pasquino non seulement mort, mais tout enflé et la figure ainsi que le corps couvert de taches noires, Stramba se mit à crier : « Ah ! méchante femme, tu l'as empoisonné ! » Le bruit qu'elle faisait était si grand, qu'il fut entendu d'un grand nombre de personnes qui habitaient dans le voisinage. Ces gens accoururent. Ils trouvèrent Pasquino mort et enflé, ils entendirent Stramba se lamenter et accuser Simone de l'avoir traîtreusement empoisonné. Voyant que celle-ci, quasi-folle de douleur après l'accident qui lui avait enlevé son amant d'une façon si subite, ne pouvait se disculper[1], ils furent tous persuadés que les choses s'étaient passées comme le disait Stramba. C'est pourquoi ils la saisirent alors qu'elle continuait à beaucoup pleurer et la menèrent au palais du Podestat[2].

Là, sur l'insistance de Stramba, d'Atticciato et de Malagevole, camarades de Pasquino, un juge, sans tarder davantage, se mit à interroger la jeune fille sur l'événement.

« Comme il ne pouvait croire à sa méchanceté et à sa culpabilité, il voulut voir en sa présence le cadavre et le lieu, car il ne comprenait pas bien ce qu'elle racontait. Il

1. Prouver son innocence.
2. Maire.

la fit donc conduire sans bruit à l'endroit où le corps de Pasquino gisait encore, gonflé comme un tonneau. Il s'y rendit lui-même aussitôt, et après s'être étonné de cette mort subite, il lui demanda comment cela s'était fait.

Simone s'approcha du buisson de sauge et raconta toute l'histoire, afin de bien faire comprendre plus complètement ce qui était arrivé. Elle fit alors comme avait fait Pasquino, et se frotta les dents avec une feuille de sauge. À ce moment, tandis que Stramba, Atticciato et les autres amis et compagnons de Pasquino traitaient ses explications de mensonges, prétendaient qu'elle se moquait du juge, et ne réclamaient rien moins que le supplice du feu pour punir une telle perversité, la malheureuse, déjà toute tremblante de douleur d'avoir perdu son amant et de peur du supplice réclamé par Stramba, tomba soudain morte de la même façon que Pasquino, au grand étonnement des personnes présentes.

« Ô âmes fortunées[3], à qui, le même jour, il fut donné de goûter l'amour le plus fervent et de quitter la vie ! Plus heureuses encore puisque vous êtes parties ensemble en un même lieu, et que – dans l'autre vie ? – vous vous aimez comme vous vous aimiez ici-bas ! Mais heureuse par-dessus tout – du moins à notre avis, nous qui vivons après elle – l'âme de Simone, dont l'innocence ne succomba point sous le témoignage de Stramba, d'Atticciato et de Malagevole, cardeurs[4] de laine ou de plus vile[5] profession encore. Frappée de la même mort que son amant et suivant dans l'autre monde l'âme de Pasquino qu'elle avait tant aimée, Simone eut une fin honnête et fut délivrée d'infâmes accusations.

3. Chanceuses.
4. Ouvriers qui démêlaient la laine avant le tissage.
5. Basse.

« Le juge, stupéfait, comme tous ceux qui étaient là, de ce nouvel incident, et ne sachant que dire, resta longtemps immobile. Puis, ayant recouvré[1] ses esprits, il dit : « Ceci montre que cette sauge est vénéneuse, ce qui n'est pas le cas d'habitude. Mais pour qu'elle ne puisse plus nuire à personne, qu'on la coupe jusqu'aux racines et qu'on la jette au feu. »

Le gardien du jardin obéit au juge. On n'eut pas plutôt abattu le buisson, que la cause de la mort des deux malheureux amants apparut à tous. Il y avait sous ce buisson de sauge un crapaud[2] prodigieusement gros, dont on vit bien que le venin avait empoisonné la plante. Comme personne n'avait envie de s'approcher du crapaud, on fit autour de lui un grand amas de bois sec et on le brûla avec le buisson de sauge. C'est ainsi que prit fin l'enquête de messer[3] le juge sur la mort du malheureux Pasquino. Le corps de ce dernier, ainsi que celui de Simone, encore tout enflés, furent ensevelis[4] ensemble dans l'église de San Paolo par Stramba, Atticciato, Guccio Imbratta et Malagevole, qui, par aventure[5], en étaient paroissiens. »

Journée IV, 7e nouvelle, traduction adaptée de F. Reynard, 1884.

1. Retrouvé.
2. Cet animal était considéré comme maléfique.
3. Monsieur.
4. Enterrés.
5. Hasard.

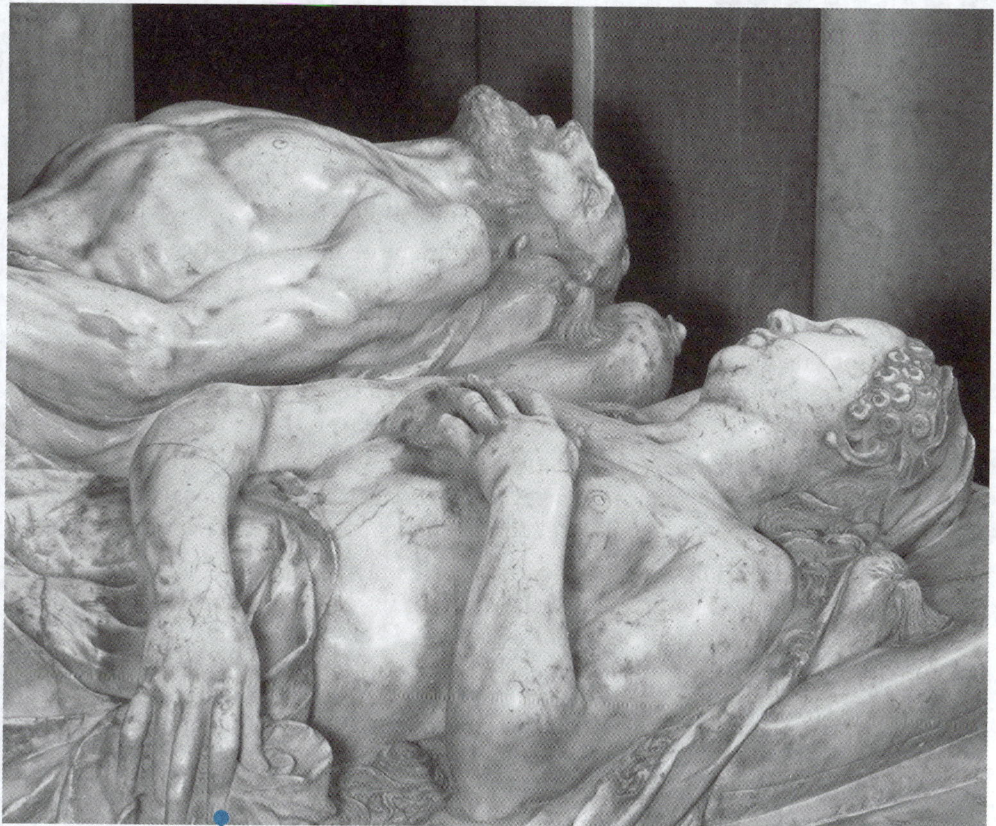

Germain Pilon (1535-1590), Monument funéraire d'Henri II et de Catherine de Médicis (détail), marbre et bronze, basilique Saint-Denis, Saint-Denis.

À voir

« Les histoires d'amour finissent mal, en général... »

Ovide, *Les Métamorphoses*, histoire de Pyrame et Thisbé, livre IV, vers 55 à 166
La tragique erreur de deux amants les conduit à la mort... et vous explique pourquoi les mûres sont noires.

Joseph Bédier, *Tristan et Iseut*
Un philtre d'amour enchaîne irrésistiblement l'un à l'autre les deux jeunes gens, au mépris de toutes les conventions sociales.

Victor Hugo, *Hernani* (1830) et *Ruy Blas* (1837)
Ces deux drames romantiques flamboyants mettent en scène des amours impossibles et tragiques, des coups de théâtre et de vibrantes et poétiques déclarations d'amour.

Boris Vian, *L'Écume des jours*, éd. Gallimard, 1947
Colin et la fragile Chloé s'aiment dans un monde surréel tissé de l'étoffe des rêves ou des cauchemars. Mais leur bonheur est menacé...

Bandes dessinées pour tous les goûts

Erroc et M. Rodrigue, *Les Amours compliquées de Roméo et Juliette*, éd. Bambou, 2010
Une version parodique et drôle de la tragédie de Shakespeare. Roméo saura-t-il surmonter les obstacles qui l'empêchent d'atteindre le balcon de Juliette ?

William Shakespeare et Gianni de Luca, *Roméo et Juliette*, éd. Les Humanoïdes associés, coll. « Noire », 1981
Une adaptation fidèle de la pièce de Shakespeare qui vaut par ses innovations graphiques et sa ligne claire.

Films

Franco Zeffirelli, *Roméo et Juliette*, 1968

Une adaptation très fidèle du texte de Shakespeare, une reconstitution soignée de l'époque fastueuse de la Renaissance italienne. Les deux acteurs ont l'âge du rôle et sont très émouvants.

Jerôme Robbins et Robert Wise, musique de L. Bernstein, *West side story*, 1962

Histoire d'amour, film policier, tragédie musicale, ballet, ce film aux dix oscars est inclassable. Très librement inspiré de la trame de *Roméo et Juliette*, il raconte les affrontements sanglants de deux bandes rivales, les Jets et les Sharks, séparés par leurs origines ethniques. Maria et Tony, liés chacun à un des deux clans, tenteront de s'aimer, malgré la haine ambiante.

Baz Luhrmann, *Roméo + Juliette*, 1997

Une transposition réussie du monde de Shakespeare dans l'Amérique de la côte Ouest où règnent la démesure et la violence. Le film fit la célébrité de Leonardo DiCaprio et de Claire Danes.

Opéras, ballets

Charles Gounod, *Roméo et Juliette*, 1867

Opéra en cinq actes. Roméo et Juliette meurent ensemble en chantant.

Piotr Tchaïkovski, *Roméo et Juliette*, 1869

Cette ouverture fantaisie entrelace deux thèmes musicaux, celui de la haine et celui de l'amour.

Serge Prokofiev, *Roméo et Juliette*, 1935

Ballet en trois actes, célèbre par les chorégraphies de Rudolf Noureev (voir p. IV cahier intérieur) et de Maurice Béjart.

TABLE DES ILLUSTRATIONS

Couverture : *Roméo et Juliette* de William Shakespeare, mise en scène Nicolas Briançon au théâtre de la Porte Saint-Martin, 16 janvier 2014, avec : Ana Girardot (Juliette) et Niels Schneider (Roméo), photo © Victor Tonelli/ArtComArt.
5 : Anthony van Wyngaerde, *La Tour de Londres*, dessin, vers 1543, collection Sutherland, Bodleian library, © Coll. Archives Nathan.
6 : Louis Coblitz (1814-1863), *William Shakespeare (1564-1616) représenté âgé de 34 ans*, huile sur toile, 1847, musée des châteaux de Versailles et Trianon, BIS/© Archives Nathan.
10 h : Le Titien (1488-1576), *Autoportrait*, huile sur toile (0,96 x 0,75), Staatliche Museum, Gemäldegalerie, Berlin, BIS/© Archives Larbor.
10 m : Lorenzo Lotto (1480-1556), *Portrait de Lucina Brembati*, huile sur toile, Académie Carrara, Bergame, BIS/Ph. © Archives Nathan.
10b : Agnolo Tori, dit Il Bronzino (1503-1572), *Portrait d'un sculpteur*, huile sur toile (0,99 x 0,79 cm), musée du Louvre, Paris, BIS/Ph. © Archives Nathan.
11h : Georg Pensz (1500-v.1550), *Portrait d'un jeune homme de dix-huit ans*, huile sur bois, 1544, galerie des Offices, Florence, © Archivo L.A.R.A./PLANETA.
11m : Giorgione (1477-1510), *Portrait d'un homme en armure* (détail), huile sur toile (90 x 73 cm), v. 1510, Galerie des Offices, Florence, © BIS/© Archives Larbor.
11b : Raphaël (1483-1520), *Portrait du pape Leon X* (détail), huile sur bois (154 x 119 cm), 1518, galerie des Offices, Florence, © Archivo L.A.R.A./PLANETA.
12h : Lorenzo Costa (1460-1535), Portrait de Giovanni Bentivoglio, tempéra sur toile (55 x 49 cm), 1492, galerie des Offices, Florence, © Archivo L.A.R.A./PLANETA.
12m : Agnolo Tori, dit Il Bronzino (1503-1572), *Portraits de Leonore de Tolède et de son fils* (détail), huile sur toile (115x96 cm) v. 1545, galerie des Offices, Florence, © Archivo L.A.R.A./PLANETA.
12b : Albrecht Dürer (1471-1528), *Portrait d'une jeune vénitienne (vêtue à la mode milanaise)*, huile sur bois, 1505, Kunsthistorisches Museum, Vienne, Autriche, © Archivo L.A.R.A./PLANETA.
13h : *Portrait de César Borgia,* huile sur toile, Palazzo di Venezia, Rome, © Archives Nathan.
13mh : Le Titien (1488-1576), *Portrait de jeune homme*, huile sur toile (100 x 83 cm), © BIS / © Archives Larbor.
13mb : Sebiastiano del Piombo (1485-1547), *Portrait d'homme en armure*, huile sur toile (87 x 66 cm), © Archives Larbor.
13b et 94 : *Gabrielle d'Estrée au bain* (détail), huile sur toile (115 x 103 cm), XVIe siècle, musée Condé, Chantilly, BIS/Ph. H. Josse © Archives Nathan.
14 : © Archives Nathan.
15 : Balcon prétendu de Juliette, Vérone, photographie, © Natalia Bratslavky/123RF.
17 : © Andrey Omelyanchuk/123RF.
44 : © Artothek-Christie's/LA COLLECTION.
50 : © Archivo L.A.R.A./PLANETA.
73 : © Johan Persson/Royal Opera house/ArenaPAL.
76 : © RMN-Grand Palais (musée du Louvre)/Thierry Le Mage.
82 : THE PICTURE DESK Ltd/© The Kobal collection.
100 : © Archives Nathan.
110 : BIS/Ph. Hubert Josse © Archives Larbor.
116 : BIS/Ph. Coll. Archives Larbor.
132 : BIS/Ph. Coll. Archives Larbor.
138 : © Archives Nathan.
154 : BRIDGEMAN IMAGES/Private Collection/photo © Christie's image.
163 : Wisscher, *Vue de Londres avec le théâtre* The Globe, gravure, 1602, Londres, coll. Archives Nathan.
169 : Maître de l'Échevinage, *Épidémie de peste à Florence : entretien des conteurs du* Décaméron *de Boccace*, enluminure, v. 1465-1470, parchemin, manuscrit à peinture, BnF, Paris, coll. Archives Nathan.
173 : BIS/Ph. Coll. Archives Larbor.
177 : © RMN-Grand Palais/Agence Bulloz.
I et 49 : © Hollywood Archive / PictureLux / Bureau233.
II et 81 : BRIDGEMAN IMAGES/The Maas Gallery, London.
III et 115 : THE PICTURE DESK Ltd/© Mirisch-7Arts/United Artists/The Kobal collection.
IV et 159 : © Pascal Victor/ArtComArt.

Conception graphique : Julie Lannes
Design de couverture : Denis Hoch
Recherche iconographique : Gaëlle Mary
Mise en page : Linéale
Édition : Valérie Antoni

COLLÈGE

73. **Balzac**, *Adieu*
84. **Boccace**, *Le Décaméron*
65. **Bédier**, *Tristan et Iseut*
74. **Chrétien de Troyes**, *Yvain, le Chevalier au lion*
51. **Courteline**, *Le gendarme est sans pitié*
38. **Dumas**, *Les Frères corses*
71. **Feydeau**, *Un fil à la patte*
67. **Gautier**, *La Morte amoureuse*
1. **Homère**, *L'Odyssée*
80. **Hugo**, *Claude Gueux*
83. **Hugo**, *Cosette, une enfance malheureuse*
29. **Hugo**, *Le Dernier Jour d'un condamné*
2. **La Fontaine**, *Le Loup dans les Fables*
3. **Leprince de Beaumont**, *La Belle et la Bête*
10. **Maupassant**, *Boule de suif*
26. **Maupassant**, *La Folie dans les nouvelles fantastiques*
43. **Maupassant**, *Quatre nouvelles normandes* (anthologie)
62. **Mérimée**, *Carmen*
11. **Mérimée**, *La Vénus d'Ille*
68. **Molière**, *George Dandin*
7. **Molière**, *L'Avare*
23. **Molière**, *Le Bourgeois gentilhomme*
76. **Molière**, *L'École des femmes*
58. **Molière**, *Le Malade imaginaire*
70. **Molière**, *Le Médecin malgré lui*
52. **Molière**, *Le Sicilien*
36. **Molière**, *Les Fourberies de Scapin*
6. **Nicodème**, *Wiggins et le perroquet muet*
21. **Noguès**, *Le Faucon déniché*
59. **Perrault**, *Trois contes* (anthologie)
8. **Pouchkine**, *La Dame de pique*
39. **Rostand**, *Cyrano de Bergerac*
24. **Simenon**, *L'Affaire Saint-Fiacre*
9. **Stevenson**, *Le Cas étrange du Dr Jekyll et de M. Hyde*
54. **Tolstoï**, *Enfance*
61. **Verne**, *Un hivernage dans les glaces*
25. **Voltaire**, *Le Monde comme il va*
87. **Zola**, *Amour et mariage au XIXe siècle*
53. **Zola**, *Nantas*
42. **Zweig**, *Le Joueur d'échecs*
4. *La Farce du cuvier* (anonyme)
37. *Le Roman de Renart* (anonyme)
81. *Anthologie du slam*
5. *Quatre fabliaux du Moyen Âge* (anthologie)
41. *Les Textes fondateurs* (anthologie)
22. *Trois contes sur la curiosité* (anthologie)
44. *Quatre contes de sorcières* (anthologie)
27. *Quatre nouvelles réalistes sur l'argent* (anthologie)
64. *Ali Baba et les quarante voleurs*
86. *Lettres de poilus 1914-1918* (anthologie)

LYCÉE

85. **Apollinaire**, *Alcools*
33. **Balzac**, *Gobseck*
60. **Balzac**, *L'Auberge rouge*
47. **Balzac**, *La Duchesse de Langeais*
18. **Balzac**, *Le Chef-d'œuvre inconnu*
72. **Balzac**, *Pierre Grassou*
32. **Beaumarchais**, *Le Mariage de Figaro*
20. **Corneille**, *Le Cid*
78. **Corneille**, *Médée*
56. **Flaubert**, *Un cœur simple*
77. **Hugo**, *Pauca Meae*
49. **Hugo**, *Ruy Blas*
57. **Marivaux**, *Les Acteurs de bonne foi*
48. **Marivaux**, *L'Île des esclaves*
19. **Maupassant**, *La Maison Tellier*
69. **Maupassant**, *Une Partie de campagne*
55. **Molière**, *Amphitryon*
15. **Molière**, *Dom Juan*
79. **Molière**, *Le Misanthrope*
35. **Molière**, *Le Tartuffe*
63. **Musset**, *Les Caprices de Marianne*
14. **Musset**, *On ne badine pas avec l'amour*
46. **Racine**, *Andromaque*
66. **Racine**, *Britannicus*
30. **Racine**, *Phèdre*
13. **Rimbaud**, *Illuminations*
50. **Verlaine**, *Fêtes galantes, Romances sans paroles*
45. **Voltaire**, *Candide*
17. **Voltaire**, *Micromégas*
88. **Voltaire**, *Zadig*
31. *L'Encyclopédie* (anthologie)
75. *L'Homme en débat au XVIIIe siècle* (anthologie)
82. *Nouvelles réalistes et naturalistes*

BTS

89. *Ces objets qui nous envahissent : objets cultes, culte des objets* (anthologie)

MIXTE
Papier issu de sources responsables
FSC® C022030
FSC www.fsc.org

Impression & brochage SEPEC - France
Numéro d'impression : 06601141212 - Dépôt légal : décembre 2014
Numéro de projet : 10208713